Peter Handke
2005
Strasbourg

Wolfgang Matz

Gewalt des Gewordenen

Zum Werk Adalbert Stifters

Literaturverlag Droschl

Das Gute ist in gewisser Weise trostlos.

Franz Kafka

I. *Dingwelt*

Im Märchen vom Herrn Korbes, einem der dunkelsten in der Sammlung der Brüder Grimm, wird erzählt: Wie Hühnchen und Hähnchen, Katze, Mühlstein, Ei und Ente, Stecknadel und Nähnadel in einem Wagen mit roten Rädern, zwei Mäuschen vorgespannt, sich aufmachen »Als hinaus / Nach des Herrn Korbes seinem Haus«. Dort, verborgen in Kamin, Handtuch, Sessel und Bett, lauern sie dem Heimkehrenden auf, traktieren ihn aus dem Hinterhalt, so daß er, der nichtsahnend sein Haus betrat, nur noch »in die weite Welt« zu fliehen sucht. Vergebens: Der über der rettenden Tür ins Freie lauernde Mühlstein stürzt sich hinab auf den Angstgejagten und tötet den, dem sein Heim durch den terroristischen Überfall gespenstisch zum Leben erwachter Wesenlosigkeiten zur Hölle wurde. Stifters Welt ist keine von Märchen, aber die Welt dieses Märchens, in der nichts mehr stimmt, weist auf die, welche Stifter in seinen Dichtungen zu gestalten suchte. Es ist eine Welt, in der alles denkbar ist, außer der Rettung. Der Mensch sieht sich von Feinden umstellt, die er sich selber schuf; die Dinge, die ihm dienten, werden zur Bedrohung ebenso wie die Tiere, die sonst dem menschlichen Wohl unterworfen sind. Das Haus, das er sich als Schutz gegen die äußere Welt erbaute, wird zur tödlichen Falle, und auch der vermeintliche Ausweg, die weite Welt, ist versperrt: vom Tod, der aus der Leere stürzt, nichts als ein sinnloser, stummer Stein. Den Herrn Korbes ereilt kein tragisches Verhängnis, nicht einmal ein Schicksal; es sind die gewohnten Dinge, die plötzlich aus dem Zusammenhang fallen, der bis dahin die sinnvolle Welt konstituierte. Widerstand ist unmöglich; die Macht des Faktischen, sei sie auch noch so absurd, ist stärker. Die Gewalt des Menschen über die Dingwelt beruht auf dem Vermögen seiner Vernunft; wo er aber die Dinge nicht mehr begreift, sie nicht mehr im System seiner Erkenntnis einzuordnen vermag, da werden sie frei und unbeherrschbar, und was vorher ein gewohnter Gegenstand war, ist nun fremd und voller Gefahr. In Stifters realistischen Schauplätzen des neunzehnten Jahrhunderts bleibt dem äußeren Anschein nach alles bestehen, bleiben die Tiere dem Menschen untertan und die Dinge an ihrem gewohnten Ort. Der Blick jedoch, der in seiner Dichtung auf die Natur, auf die Menschen und auf die von ihnen gemachten Objekte fällt, sieht bereits überall die Gefahren lauern, die im Märchen bildhaften Ausdruck fanden; nichts mehr ist selbstverständlich, und nur noch lose haftet der Sinn am Geschehenden. Stifter lebt in Feindesland. Er steht als ganz und gar vereinsamtes Subjekt im Zentrum einer Welt, die ihn bedroht. Im Laufe seines Lebens macht ihn die Angst erstarren, die Flucht versagt er sich, nicht wissend, was auf ihrem Wege seiner harrt. Er registriert bewegungslos: Dies macht ihn zum Dichter. Und ins wahrhaft Große wächst sein Dichtertum da, wo er dessen eigenes Wesen nicht länger romantischen Topoi anpaßt, sondern es zu gestalten sucht in all seiner Kargheit und Starre.

Stifter lebte reagierend; er war überlegener Herr weder seines Lebens noch seiner Kunst. Er erstrebte die dichterische Reinheit, doch immer deutlicher geriet ihm der Abdruck seiner Gegenwart, der er doch zu entrinnen suchte. Das Bild einer Epoche verdankt sich nie nur ihrem eigenen positiven Selbstverständnis, und so ist das Biedermeier nicht allein die geschlossene, selbstzufrieden in sich ruhende Welt der Spießbürger, sondern ist gleichermaßen und vielleicht noch mehr die Kultur des reaktiven Rückzugs, der Angst. Der Bürger richtet sich ein in seiner Wohnung, die ihn gleich einer Burg gegen die Welt zu schützen hat; die sich füllt mit Gegenständen, die Besitztum sind und die das Haus erst zum eigenen machen. Die Wohnung des Biedermeier ist bis an den Rand mit toten Dingen gefüllt: mit Möbeln, Bildern, Vasen und Teppichen, mit Andenken, Schränkchen und Uhren, und jedes Ding hat für den Besitzer seinen eigenen Sinn wie ein Planet im Gleichgewicht der Gestirne. Doch die leblosen Dinge ändern ihr Gesicht. Der Tod, der ihr Wesen ist, überträgt sich auf das Haus und seine Bewohner. Der Tod beginnt zu leben; all das, was der Mensch sich zu unterwerfen suchte, wird zu Einem gegen ihn: Zwischen Tieren und Dingen, Hühnchen und Mühlstein schließt sich die Kluft, und sie werden sich gleich darin, daß sie ihren Herrn bedrohen. Die ganze Welt, vor der er sich zurückziehen wollte und die er zugleich zu beherrschen glaubte, wird ihm zu einer Fremde, in der aus jedem Sofakissen böse Augen glühen, über jedem Fluchtweg der Tod lauert. Jedes Ding könnte auch ein ganz anderes sein.

Stifters Werk ist solcher Dinge voll. Viele seiner Gestalten verbringen ihre Tage mit der Pflege ausgewählter Gegenstände und Sammlungen, sie tun »den Dingen die Ehre an, die ihnen gebührte«, doch schon spüren sie auch die fremde Macht, die von ihnen ausgeht und das Herrschaftsverhältnis umzukehren droht. Heinrich Drendorf wird fast zum Knecht jener hölzernen Wandverkleidungen, die er Jahr für Jahr von neuem im Gebirge zu finden hofft. Ordnung und System sind die Kräfte, die der Entfremdung Einhalt gebieten sollen. »Jedes Ding und jeder Mensch, pflegte er zu sagen, könne nur eines sein, dieses aber muß er ganz sein«, wird vom Vater Heinrich Drendorfs im *Nachsommer* berichtet. Diese Maxime – ein Ordnungsfaktor schon allein durch ihr Wesen als immer wiederholbarer frommer Spruch – richtet sich gegen das überall durchscheinende Bewußtsein von, die überall aufzitternde Angst vor der überwältigenden Vieldeutigkeit der Dinge und der Welt. Schon das Haus ist zugleich Heim und Gefängnis; ein Bild über die Maßen deutlich in der verborgenen Insel des *Hagestolz*, im Waldhaus des *Hochwalds*, in der zurückgezogenen Hütte der Pechbrenner in *Granit*. Der Oheim, der alte Hagestolz, lebt auf seiner Insel in einem verfallenden Hause, er pflegt seine Dinge nicht anders als der Herr des Rosenhauses im *Nachsommer*, aber jedes Bild, das hier heiter in der Ordnung ist, wird dort verbogen ins Dämonische, in Finsternis. Die staubigen, ausgestopften Vögel, verzerrte Karikatur der lebendigen in Risachs freundlicher Pflege, scheinen jeden Moment in ein gespenstisches Leben zurückkehren zu wollen und stehen im Inventar des Hauses wie Boten der Urzeit, Flugsaurier, bedrohend und tödlich wie das Hühnchen für den Herrn Korbes. Die Kästchen und Schränke dienen nicht mehr nur einer längst überkommenen Ordnung, sondern sind schon Versteck geheimnisvoller Gefahren; ob die verschiedenfarbigen Flaschen noch Wein oder schon giftige Mixturen bergen – alles scheint möglich und voll Zeichen drohenden Unheils. Je einsamer das Leben des Oheims sich gestaltet, um so mehr wächst seine Angst, und er, der auf der sonst unbewohnten Insel nichts zu fürchten hat, verschließt sich und seine Dinge hinter schweren Türen, sucht ruhelos sich zu schützen vor den ins Übermächtige gewachsenen Gefahren der Dunkelheit. Wohl nirgends im Werke Stifters wird die drohende Gewalt all dessen, was sonst biedermeierlich gefärbt ist, so deutlich wie in diesem abgeschlossenen Kosmos eines verstörten Menschen und seiner Angst. Vor der Welt soll ihn die Insel schützen, doch auch sie ist immer schon Welt. Sicher bleibt dem Menschen nur er selbst als letzte einsame Insel.

Aus dem Inneren des Gelebten sieht das vereinsamte Subjekt nur sich und dagegen das feindliche Außen; von außen aber zeigt sich die Katastrophe eines Lebens inmitten einer furchterregenden Menschenwelt. Es ist, als schaue nicht nur aus einem, sondern schon aus jedem, noch so heimelig geschönten Haus eine gräßliche Fratze gleich jenem »fürchterlich große[n] Angesicht« des Mädchens, das in der unterirdischen Wohnung des *Turmalin* sein autistisches

Dasein fristet. Das Kind ist den Menschen fremd und abstoßend durch sein entsetzliches Äußeres, und die Menschen sind es dem Kinde, das nichts anderes gelernt hat zeit seines Lebens, als ohne Verständnis das Doppelbild der Katastrophe zu wiederholen, das der Vater es lehrte: »Wenn ich fragte, was ich für eine Aufgabe habe, während er nicht da sei, antwortete er: ›Beschreibe den Augenblick, wenn ich tot auf der Bahre liegen werde, und wenn sie mich begraben‹; und wenn ich dann sagte: ›Vater, das habe ich ja schon oft beschrieben‹, antwortete er: ›So beschreibe, wie deine Mutter von ihrem Herzen gepeinigt in der Welt herumirrt, wie sie sich nicht zurück getraut, und wie sie in der Verzweiflung ihrem Leben ein Ende macht.‹ Wenn ich sagte: ›Vater, das habe ich auch schon oft beschrieben‹, antwortete er: ›So beschreibe es noch einmal.‹ Wenn ich dann mit der Aufgabe, wie der Vater tot auf der Bahre liegt, und wie die Mutter in der Welt umher irrt, und in der Verzweiflung ihrem Leben ein Ende macht, fertig war, stieg ich auf die Leiter, und schaute durch die Drahtlöcher des Fensters hinaus.« Ein Bild hoffnungslosen Entsetzens; wer aber hätte mehr verstanden als das blöde Kind, das nichts begreift von dem, was es mechanisch wiederholt? Der Dichter nicht; auch er vermag nur zu erzählen, was er sah. Die Macht des Faktischen, sei sie auch noch so absurd, ist stärker denn alle Deutung. Es ist die »Gewalt des Gewordenen«, was Stifter bedrängt, und er erliegt ihr. Das Verstehen, der flüchtige menschliche Gedanke, scheint ihm ein Nichts gegen das Sein des Tatsächlichen, ein Nichts gegen die Mauern der alten

Burgen wie gegen die Natur, die er als ewig denkt. Und die Katastrophen des Menschenlebens dünken ihm so notwendig wie die Bewegungen der Evolution und so undurchdringlich wie der Stein. Was wäre ein Verstehen gegen diese Gewalt? Dinge, Schicksal, Welt, Natur: Seinem Blick droht alles Eines zu werden, jenes eine Andere, was nicht der einsame Mensch ist.

Von Tschechow gibt es eine Erzählung *Angst*, die wie Stifters *Turmalin* von einem Ehebruch berichtet, von dem einen Schlag, der das Leben des Getroffenen vernichtet, mag seine Existenz auch noch viele Jahre währen. Am Ende von Tschechows Werk zieht der Betrogene dem Betrüger gegenüber sein Resümee, »mit einer fremden, seltsamen, heiseren Stimme: ›Es ist wohl mein Schicksal, nichts zu verstehen. Wenn Sie etwas verstehen, dann... gratuliere ich Ihnen. Ich tappe im Dunkeln.‹« Das Geschehen, von dem Tschechow berichtet, ist ohne Sinn, es hat keine Lehre und keine Moral, es ist nichts als Tatsache; und der, der frei zu handeln wähnte, steht ebenso hilflos wie sein Opfer: »Die Angst Dmitri Petrowitschs, der mir nicht aus dem Kopf ging, übertrug sich auch auf mich. Ich dachte an das Vorgefallene und verstand nichts. Ich sah die Saatkrähen an, mir war seltsam zumute, und ich hatte Angst davor, daß sie flogen.« Dieser Abgrund von Sinnlosigkeit scheint immer wieder in Stifters Werk auf, wie in *Turmalin* so auch im Schluß des *Abdias*, in *Prokopus*. Doch der Autor wagt nicht, diesem Wissen bis ans Ende zu folgen, und seine Gefahr ist es, den Sinn mit gewaltsamer Gebärde sich schaffen zu wollen. »Die natürlichen Dinge gehen ihren Lauf, wir mögen noch so großen Schmerz darüber empfinden. Es ist aber in unsere Macht gegeben, die Wesenheit dieser Dinge zu ergründen, und sie nach derselben zu gebrauchen. Dann gehorchen uns die Dinge.« Dies aber ist nicht Erkenntnis, sondern Beschwörung. Die Erzählung, in der sie sich findet, die Erzählung *Prokopus* zeigt das vollständige Gegenteil dessen, was hier versprochen wird. Es ist die Geschichte einer Liebe und ihres Scheiterns, eines Verlustes, der an keiner Stelle des Geschehens einer Erklärung auch nur nahekommt. Obwohl die Eheleute einander in Liebe zugetan sind, will ihnen eine wahre Gemeinschaft nicht gelingen, und ihr Leben ist Unglück. Warum das Glück nicht kam? Es kam nicht, und es gibt nicht einmal den Trost einer Erklärung, nur die bloße Tatsache, die Gewalt des Gewordenen. Allein Unterwerfung verspricht noch Rettung, wo die strikte Konsequenz Tschechows gemieden wird. Das Ende des Märchens vom Herrn Korbes ist dies: »Wie er aber an die Haustür kam, sprang der Mühlstein hinunter und schlug ihn tot.« Und in einer späten Auflage fügten die Brüder Grimm noch ausdrücklich die Moral hinzu, die das Fehlende gewaltsam erzwingt: »Der Herr Korbes muß ein recht böser Mann gewesen sein.« Aus der Faktizität des Todes wird auf sein Recht geschlossen. Der letzte Satz ist es, was der sinnlosen Geschichte vom Tod des Herrn Korbes und dem gespenstischen Treiben der Nadeln, Steine und Tiere einen Sinn zu geben scheint: Ist der Tod im Recht, weil er ist, so wird er zur Strafe, und das Leben, das er beendet, zur Schuld. Die Gewalt des Gewordenen, die Macht des Faktischen, wird zu Recht, durch ihr bloßes Sein begründet. Dies ist die Gefahr, die Stifters Denken immer wieder droht: Rechtfertigung und Einverständnis, Unterwerfung unter das leere Sosein, unter »das blinde Leben«. Er schwankt; weiß nicht, ob jene stumme Macht anzuklagen sei oder als göttlicher Ratschluß zu verklären. Stifters Dichtertum ist weit entfernt von jeder theoretischen Reflexion, so entscheidet er nicht und gestaltet das Schwanken: das Schwanken zwischen dem unverständlichen Menschenleben und dem Wunsch nach metaphysischer Sicherheit. Beide Pole sind einander verknüpft im Fatalismus dem Faktischen gegenüber. Seien sie nun sinnlos oder seien sie der Sinn selber: Es gibt nichts als die Dinge und ihre Macht. Tod und Leben, Schicksal und Natur, Sinnlosigkeit und göttliche Fügung – wer sich dem blinden Sein unterwirft, dem wird am Ende alles Eins.

II. *Naturverfallenheit*

Die Einheit der Welt ist nicht anders zu denken denn als Einheit von Menschen und Natur. Geschlossen ist die Welt, wenn das metaphysische, das religiöse, das wissenschaftliche und das ästhetische Bild von der Natur der Welt noch Eines ist; wo alles an seinem Platze und in der Ordnung steht, ist dem Menschen der ganze Kosmos göttliche Heimat. Die Neuzeit läßt diese Einheit zerfallen, die moderne Naturwissenschaft erlaubt kein einheitliches Weltbild mehr, und dem sich selbst fragwürdig gewordenen Subjekt wird auch die äußere Welt problematisch. Die Natur wird zum schlechthin Anderen des Menschen; er, der nicht mehr ihr Teil im großen Ganzen ist, versucht den Riß im philosophischen Gedanken wie in der ästhetischen Gestaltung zu heilen. Das menschliche Verhältnis zur Natur ist nicht mehr selbstverständlich, muß von nun an in jedem seiner Aspekte erklärt, gedeutet und gerechtfertigt werden. Stifter ist als einer der großen Naturschilderer in die Literaturgeschichte eingegangen. Sein Rang erweist sich nicht zuletzt daran, wie sehr ihm im Medium des Wortes gelang, was ihm als Maler versagt geblieben ist: ein großes eigentümliches Bild zu entwerfen nicht nur bloßer Landschaft, sondern von Natur als Wesenhaftigkeit angesichts einer zerbrochenen Welteinheit. Doch dieses Bild ist niemals rein; jene Naivität, die in Stifters Gemälden ist und die sich ebenso durch viele seiner Erzählungen zieht, wird immer wieder zerrissen durch angstvolle Affekte und ist daher in ihrem Wesen keine wirkliche Naivität, wie sie es nur als ungetrübte wäre. Stifters Naivität ist Wollen, nicht Wirklichkeit, ist Haltung, also, wenn solches möglich wäre, bewußte Naivität.

Stifter glaubt, die Natur als das unmittelbar göttliche Wesen zu restituieren; die Natur als göttlich geschaffene ist stets so, wie sie sein muß. Dem versucht der Dichter in seinen Landschaftsschilderungen Evidenz zu verleihen: Es sind die weiten unermeßlichen böhmischen und oberösterreichischen Wälder, denen seine Liebe gehört, die breiten Täler und Ströme, es sind die Farben der Wiesen und das Rauschen der Bäume, was sich ihm zusammenschließt zu dem einen großen Eindruck des Natürlichen, der in der Landschaft jene Einheit wiederherstellen soll, die dem Kosmos als ganzem verlorenging. Doch mag die Pracht der irdischen Naturschönheit auch immer wieder das Empfinden wecken, es sei diese Einheit in ihr bereits gelungen, so ist dieses doch nicht von Dauer: Die Erde ist nicht das All, in dem metaphysische Einheit einzig zu finden wäre. Aber ein Verzicht auf diesen Anspruch ist Stifter nicht möglich. Er denkt die Menschen sich verloren, wo sie ihren Ort und damit ihren Sinn im kosmischen Ganzen nicht mehr zu finden vermögen. »Am meisten feindlich schien ihr Bernhard von Kluen, der auf dem Schlosse geblieben war; er ergreife alles, er zerstöre alles, aus den Sternen wolle er wilde Erdkugeln machen, wo es ist, wie hier – er reiße sie auseinander, und verwirre die Welt, daß sie nicht so schön sei, wie sie ist.« Jene Angst, die

die Gattin des Prokopus treibt, die kopernikanischen Lehren des Astronomen zu hassen, ist die Stifters – wenn auch nicht in der Konsequenz der Durchführung. Er weiß, daß die moderne Naturwissenschaft nicht durch einfache Leugnung zu bezwingen ist, er setzt gegen ihre Erkenntnisse das Andere der Natur: ihre Schönheit. Das System der Wissenschaften ist ihm nicht die ganze Wahrheit und nicht einmal deren wesentlicher Teil. Heinrich Drendorf lebt dieses Wissen. Sein Weg führt vom Geologen zum Maler. Zwar gibt er seine wissenschaftliche Tätigkeit nie völlig auf, doch erst die künstlerische Gestaltung erlaubt es ihm, »das Unnennbare, was in den Dingen vor mir lag, zu ergreifen«, nicht zu erklären, sondern zu zeigen. Die ästhetische Gestaltung tritt an die Stelle der religiösen Gewißheit.

Stifter ist nicht Drendorf. Erhellend ist die Differenz der Charaktere im Gelingen und Nichtgelingen ihrer Versuche als Maler. Auch Drendorfs Schaffen ist nicht von allem Anfang an geglückt, stete Übung und Reflexion erlauben es ihm jedoch, in beständigem Aufgang sich dem Ideal seiner Natur- und Kunstanschauung zumindest zu nähern. Stifter blieb dies verwehrt: Keine noch so ausdauernde Übung hat ihn zum bedeutenden Maler werden lassen. Dies aber hat seinen Grund nicht einfach nur an irgendeinem Mangel an Begabung; vielmehr darin, daß seine Anschauung der Natur sich bildnerischer Darstellung entzieht. Stifter schwankt; nie kam er der klaren, ausgeglichenen Eindeutigkeit Drendorfs auch nur nahe – von der er gleichwohl träumen mochte. Er schwankt, denn ebensowenig wie in der hellen Naivität wird seine Anschauung eindeutig auf der beschatteten Seite seines Wesens, der von Dunkel und Dämonie, von Macht und Gewalt. Schwankend ist ihm die Natur stets wieder fremd, vieldeutig, und Naivität, heitere Ausgeglichenheit sind nichts als der Versuch, seinen dunklen Gesichten sich zu entwinden. Nie ist ihm dies gelungen. Für das Umschlagen der Erhabenheit, der Schönheit des Natürlichen in ein finsteres Prinzip der Gewalt hat Stifter die eindringlichsten Bilder gefunden, die die Literatur kennt. Die Landschaft wird Naturkatastrophe. Hilflos sind die Menschen ausgeliefert an eine Macht, von der sie nichts begreifen. »Wir harreten und schauten hin – man weiß nicht, war es Bewunderung oder war es Furcht in das Ding hinein zu fahren.« Beide Affekte, zwischen denen der Doktor in der *Mappe meines Urgroßvaters* angesichts des vereisten Waldes schwankt, sind solche eines Unterlegenen gegenüber der stärkeren Kraft. Die ganze große Schilderung jenes furchtbaren Winters, wie er seit Menschengedenken nicht gesehen ward, bewegt sich zwischen diesen Polen: Bewunderung vor der überwältigenden Erhabenheit von Schnee und Eis, Furcht vor der überwältigenden Macht, der kein menschliches Leben widerstehen kann. Nachts hören die Lauschenden in den verschlossenen Häusern das Krachen der brechenden Bäume in der Dunkelheit der äußeren Welt; »gleichsam wie ein Schrei« klingen sie in ihren Ohren; nicht nur ein Schrei der erstarrten Pflanzenwelt, vielmehr ihr eigener Schrei der Angst schallt ihnen zurück aus den Geräuschen der fessellosen Natur.

Auslöser der Angst ist nicht allein die Übermacht der gewaltigen Urkräfte, wie sie in Stifters großmächtigen Winterbildern sich bezeugt, in der Hagelkatastrophe des *Katzensilber*, im nächtlichen Gewitter des *Kalkstein*, im letzten Schneesturm *Aus dem bairischen Wald*, Auslöser der Angst ist mehr noch als ihre Stärke die unheilbare und ewige Fremdheit der Natur. Schon im Titel des *Bergkristall* findet sich all dies: das kristallene, anorganische, aber in sich so vollkommene Sein des Unbekannten, wie auch die kalte höchste Menschenferne der einsamsten Gipfel. Und die Wanderung der verirrten Kinder ist wirklich eine Wanderung ans Ende der Welt, an deren eisesstarrem Grauen der konventionelle Rettungsschluß nur wenig ändert. Den Kindern tritt die Natur nicht mehr als gewaltiger, wenn auch feindlicher Widersacher entgegen; die Natur, in der sie ihren Pfad nicht mehr finden, wäre nicht mehr im Bilde eines zornigen, aber doch persönlichen Gottes zu fassen. Diese Berg- und Gletscherwelt ist nur noch unpersönliche und stumme Drohung des Unterganges, fremd wie die fernste Ödnis auf unbekannten Monden. Es bricht keine Katastrophe mit Donnerschlag auf die Wandernden hinein, langsam beginnt der Schneefall, den die Unwissenden zunächst gar mit Freude begrüßen, langsam wird ihnen das heimatliche Land, der vertraute Heimweg zur eisigen Wüste, wie von einem weißen Leichentuch bedeckt. Dann ist das Bewußtsein vom hoffnungslosen Verirren da: »Es war große Ruhe eingetreten.« Langsam und leise hat das Unheil sich vollzogen, und das Schweigen ist sein Zeichen.

Kein Laut mehr dringt in diese höchsten Höhen, nicht die Weihnachtsglocken von drunten aus dem Dorfe; nichts ist als »eine einzige weiße Finsternis« und das nicht enden wollende »stumme Schütten« vom Himmel. Diese Erde ist nicht Feind der Menschen, nicht mythischer Gott und nicht schaffende Naturkraft: diese Erde ist das schlechthin Fremde, unbegreiflich, unbewohnbar, ein Eiswüstenplanet im Kosmos versprengt. Und wie die Kinder irren alle Menschen in diesem Eise, das »nicht weggeht bis an das Ende der Welt«, hilflos, verloren: »Sie waren winzigkleine wandelnde Punkte in diesen ungeheuern Stücken.« Stifters Dichten ist fern von jeder Beseelung der Natur durch menschliche Regungen, doch ist dies zugleich die andere Seite ihrer wahrhaft ontischen Fremdheit gegenüber denen, die in ihr leben. Und nicht nur in den Katastrophen und Verheerungen zeigt sich diese Fremdheit, sie tut es ebenso in den Schönheiten, und noch die Schilderung eines strahlend blauen Himmels schlägt unvermittelt um in die eines gähnenden Abgrundes. Das Schloß im *Hochwald*, das menschliche Haus, ist verbrannt und vernichtet, doch aus der Ferne zeigt sich nichts von alledem, »nur die lächelnde schöne Ruhe stand am Himmel und über der ganzen Einöde«. Dem, der sich mit ihr in Fremdheit zu versöhnen vermöchte, jenseits von Hoffnung und Leid, würde vielleicht jene Erfahrung einer »tendre indifférence du monde« zuteil, von der Albert Camus in *Der Fremde* spricht. Doch dem, der in Verzweiflung und Angst erstarrt, ist es, »als sei selbst das heitre Firmament düster und schreckhaft, und das Walddunkel ein riesig hinausgehend Leichentuch«. Ob angstvolle Verzweiflung oder verzweifelte Versöhnung, diese Natur ist stumm und taub, weiß nichts vom endlosen Leid der Menschen, und werden dereinst alle zugrundegegangen sein, so wird die Natur sich von neuem über den Erdkreis breiten, »liegen und schweigen die unermeßlichen Wälder, lieblich wild, wie ehedem«. Von den Menschen keine Spur.

Die überwältigende Macht, gegen die kein Widerstand hilft, fordert Unterwerfung. Ergebung ins Geschehen ist die Lehre in *Kalkstein*, da ein verheerender Gewittersturm über das verödete Kar niederbricht. »Der Pfarrer sagte, daß es seine Gewohnheit sei, bei nächtlichen Gewittern ein Kerzenlicht auf den Tisch zu stellen, und bei dem Lichte ruhig sitzen zu bleiben, so lange das Gewitter dauere. Bei Tage sitze er ohne Licht bei dem Tische.« Und so geschieht es. Stumm sitzen Pfarrer und Gast am Tische, lassen Donner, Regenguß, Sturm und Blitz über sich ergehen, Schläge, die das Haus in den Grundfesten erschüttern, gleichsam in Andacht versunken. Und es ist Andacht. Die Unterwerfung äußert sich im Ritual, in einer immer wiederholten Übung des Schweigens, der Leere und der Bewegungslosigkeit dem Unheil gegenüber. In den *Nachsommer*, der von jedem katastrophischen Naturszenario sich fernhält, ist diese Unterwerfung als konstante Haltung eingegangen, als Haltung des Autors wie seiner Gestalten. Das ganze Naturbild des Romans ist ein einziger Exorzismus jener fremden, grauenvollen Gewalten, die Stifter sah wie kein zweiter. Naturwissenschaft, Landschaftsmalerei und die humane Indienstnahme der Naturkräfte sind das, was den Bann brechen soll, dieselben kulturellen Formen mithin, die unter der Gewalt der Natur nie Bestand haben konnten. Der *Nachsommer* ist der einzige Versuch Stifters, die menschliche Zivilisation als Versöhnung, als Rettung vor der Naturverfallenheit zu denken. Doch die Beschwörung muß mißlingen, wo sie nur die Leugnung dessen ist, was sonst den Dichter in düstern Bildern heimsucht. Auch auf der nachsommerlichen Versöhnung liegen drohende Schatten; auch dem Naturforscher stellen sich Fragen, die keine Antwort haben. »Wie ist die Gestalt der Erde selber geworden, wie hat sich ihr Antlitz gefurcht, sind die Lücken groß, sind sie klein? [...] Wird sich vieles, wird sich alles noch einmal ganz ändern?« Wieder ist es die tote Materie, die ihre Fremdheit vor den Menschen als Frage stellt. Wenn aber alles sich ändern kann, dann ist vielleicht gar die letzte Konsequenz zu ziehen, daß nämlich in der großen Naturgeschichte »die der Menschen nur ein Einschiebsel ist, und wer weiß es, welch ein kleines«. Wo dies dem Denken möglich erscheint, auch wenn in die sachlichen Fragen eines Wissenschaftlers gekleidet, da ist nichts mehr wahr, nicht steht die Erde mehr fest und nicht der Himmel, keine Gewißheit gibt es mehr auf einen Gott, der den Menschen sich zum Ebenbilde und zur Krone der Schöpfung formte. Immer wieder beschwört Stifter den christlichen Glauben, doch ist es nur mehr hilfloser Ruf in eine Welt, eine Natur, die für diesen Gott keinen Ort mehr hat.

III. *Nichtsein*

Des Lebens mächtigste Wesenheit ist der Tod, die Angst sein Statthalter. Alles ist schon sein: die Dinge und die Natur, die steinernen Blöcke der Vergangenheit und die gegenwärtige Gewalt des Gewordenen, und was noch nicht Tod ist, lebt unter der ständigen Drohung, die eine Gewißheit ist. So wohnt der Tod nicht nur in den stummen Dingen der Natur, sondern ergreift Besitz schon von allem, was noch lebendig sich wähnt, und es gibt keinen Trost. Nirgendwo wird deutlicher, wie wenig die christliche Heilsbotschaft Stifter im Innersten noch Wahrheit ist: In seinem Werk gibt es keine Auferstehungsgewißheit gegen die Macht der ewigen Vergängnis. Irdisch ist der Menschen Leben, irdisch sind Tod und Angst, irdisch müßte die Erlösung sein, gäbe es sie denn. Doch wie kann dieses Leben, dem Stifter schwankend begegnet, das selbst schwankend ist zwischen Tod und Leben, Nichts und Sein, das das Nichts und den Tod als Scheitern und verfehltes Leben immer schon in sich trägt, wie kann dieses, das doch die ewige Quelle aller Verzweiflung ist, zugleich Ort der Erlösung sein? Stifter wußte um diese Aporie, und doch war sein ganzes Schaffen darauf gerichtet, ein System menschlicher Gemeinschaft zu konstruieren, aus dem alles verbannt wäre, was Teil des feindlichen Prinzips ist. Alle Gegenkraft zu diesem konzentrierte sich ihm in der Idee der Liebe, die ihm das Wesen der umfassenden

Versöhnung war. »Wie hatte seit einigen Augenblikken alles sich um mich verändert, und wie hatten die Dinge eine Gestalt gewonnen, die ihnen sonst nicht eigen war.« Was hatte sich begeben in diesen Augenblicken? Nur dies: Drendorfs Entdeckung seiner Liebe zu Natalie, ihrer Liebe zu ihm. Wenig ist geschehen, alles ist verändert.

Doch es ist die Rede von mehr als einer Apologie der romantischen Liebe; allein das »Lieben als unbedingte Werthaltung mit unbedingter Hinneigung« vermag erlösende Macht zu werden. Im Moment dieser Liebe verbindet sich Drendorf alles und jedes Ding. Dies ist der Blick Stifters; in ihm ist Liebe – und doch stets verschattet von Angst und Depression. Und diese Liebe zur Kreatur und zur Welt, welche zum anderen so dunkel und angstvoll sind, die Liebe zu einem verlorenen Leben, die Liebe eines Menschen, der sie selbst nie wirklich sich erfüllen sah, übersteigt auch die Enge so mancher Züge seines Werkes, ist sein Zauber. Wiederverzauberung der Welt in der Dichtung und durch die Liebe ist das, was dem Grauen der Welt entgegenzusetzen ihm geboten scheint. Mancherlei Haltungen gibt es, welche die Beziehungen der Menschen untereinander zu regeln vermögen: Es gibt die Höflichkeit, den Respekt, die Toleranz, die Freundschaft, doch Stifter weiß, daß nur die Liebe als unbedingte Haltung zu denken ist. Deshalb ist ihm jedes menschliche Verhältnis, das nicht in der Liebe seinen Fluchtpunkt hat, nichtig. Das Vorherrschen von Geschichten der Liebe und Eheschließung findet hier seinen Sinn. Die Ehe aber ist der Liebe wahres

Sein, und ohne jene bliebe diese nichts als ein beliebiger, zufälliger Affekt, vergänglich wie alles, wogegen die Idee unbedingter Liebe gesetzt ist. Der blinde Zufall, der noch in jeder bloßen Neigung wohnt, ist ein Prinzip der toten Dinge. Jener »fromme Spruch«, den Stifter am Ende seines Lebens schrieb: »Die Ehen werden in dem Himmel geschlossen«, ist die strengste Konsequenz eines lebenslangen Strebens. Denn er bedeutet nicht etwa das Prinzip des außermenschlichen Zufalls; lehrt vielmehr das Unbedeutende, Nichtige der menschlichen Affekte gegen jenes ewige Sein der Liebe, wie sie im himmlischen Ratschluß schon seit undenklicher Zeit begründet steht. Die beiden großen späten Erzählungen *Der fromme Spruch* und *Der Kuß von Sentze* haben einen gemeinsamen Gehalt: die Geschichte jeweils einer Liebe, die zustande kommt gegen das erste subjektive Gefühl von Frau und Mann. Zusammengeführt werden die Paare hier durch die Sentenz des frommen Spruches, dort durch das Austauschen des rituellen Friedenskusses. Das Walten der Liebe findet Ausdruck nur in der symbolischen Form von Akt und Wort. Wesentlich sind weder die konkreten Formen des Ritus noch inhaltliches Sagen der Sentenz: Wesentlich ist nur ihr symbolisches Bedeuten. Die Liebe, die so gegründet wird, ist stärker und bleibt fester gestellt als jeder romantische Affekt. Diese Liebe ist wie der symbolische Kuß: reine Wesenheit.

Stifter glaubt, das metaphysische Prinzip des Lebens, des Widerstehens gegen die Macht des allgegenwärtigen Todes gefunden zu haben. Jede Liebe sei

Teil der einen großen göttlichen, »so ist die Liebe der Eltern zu den Kindern, die Liebe des Vaters zur Mutter der Mutter zum Vater, die Liebe der Geschwister, die Liebe des Bräutigams zur Braut der Braut zum Bräutigam, die Liebe des Freundes zum Freunde, die Liebe zum Vaterlande, zur Kunst zur Wissenschaft zur Natur, und endlich gleichsam kleine Rinnsale, die sich von dem großen Strome abzweigen, Beschäftigungen mit einzelnen, gleichsam kleinlichen Gegenständen, denen sich oft der Mensch am Abende seines Lebens wie kindlichen Notbehelfen hingibt, Blumenpflege Zucht einer einzigen Gewächsart einer Tierart und so weiter, was wir mit dem Namen Liebhaberei belegen«. Alles ist Liebe; doch gerade diese Liebe, gereinigt von jeder Leidenschaft, von jedem erotischen Affekt, von jedem körperlichen Verlangen, von ihrem eigentlichen Charakter einer bevorzugten Beziehung auf einen ausgewählten Menschen, ausgedehnt auf alles vom Größten zum Kleinsten, wird wiederum zu einem Teil dessen, wovor sie retten sollte, zu einem toten Abstraktum. Das Grauen vor dem Dunkel der Welt, das Stifter spürt, ist etwas Wirkliches; die Liebe als reine Wesenheit ist keine Wirklichkeit mehr, ist Idee und Konstruktion. Wie wenig eine solche Idee der Liebe taugt, das zu leisten, was ihr vorgesetzt war, zeigt der *Nachsommer*, dem jene große Preisung der »unbedingten Werthaltung mit unbedingter Hinneigung« entstammt. Der ganze Roman ist der Versuch, in allen Bestandteilen des Lebens jene eine große Sympathie im klassischen Verstande zu zeigen, die auch das unbedeutendste Ding erfaßt. Noch die sonst so feindliche und dunkle Natur erscheint hier im Frieden und versöhnt, wo sie der menschlichen Gestaltung unterworfen ist, diese aber dem Natürlichen nicht Gewalt antut, sondern dem in ihm angelegten Guten zur Entfaltung verhilft. Harmonie, aber um welchen Preis! Alles was im Menschenleben Konflikte und Widerspruch schafft, ist hier verbannt, nichts bleibt, was Störung bringen könnte. Die Versöhnung im Kunstwerk ist nur durch dessen völligen Realitätsverlust erreicht. Der *Nachsommer* ist ein Versuchsaufbau für das richtige Leben und gleichsam unter Laborbedingungen. Es gibt nur noch die positiven Kräfte, die es zu entfalten gilt. Um solches möglich zu machen, wird die Bildung der Menschen in einen Mikrokosmos verlegt, der gegen jeden fremden, und das heißt feindlichen Einfluß abgeriegelt ist. Die Pforte des Rosenhauses ist für den Hinzutretenden unsichtbar im Gitterzaun verborgen. Die bewußte Gründung eines in sich geschlossenen Familienkreises im nach außen verschlossenen Haus, das ist das Ziel des Bildungsganges, den Stifter beschreibt. Am Ende des Romans und vor seiner endgültigen Niederlassung als Hausherr und Familienoberhaupt tritt Drendorf noch eine zweijährige Reise an, die ihn durch ganz Europa führt; es ist ausschließlich eine konventionelle Reminiszenz des Autors an den klassischen Bildungsroman, die nichts zur Entwicklung des jungen Menschen beiträgt. Ihre unbedeutende Beliebigkeit erweist sich schon an den kaum dreißig Zeilen, die ihr in dem tausendseitigen Buche eingeräumt werden. Venedig, Florenz, Rom und Neapel,

Spanien, Frankreich und England, Irland und die Niederlande: All das zählt nichts gegenüber dem auf reiner Liebe gegründeten Familienleben. Die Angst vor der drohenden Welt begründet den Rückzug in Enge und Provinzialität, dem die Idee der Liebe metaphysische Würde verleihen soll.

Das Rettende ist zuallererst der Gefährdung ausgesetzt. Die unbedingte Liebe kennt nur eine Bedingung: die, bedingungslos zu sein. Ward einmal der Zweifel geweckt, so ist sie für immer dahin. In jener »Mitteilung«, da Risach von seiner Jugendliebe zu Mathilde berichtet, wird dies ebenso gezeigt wie in der *Narrenburg*, in der Geschichte von Jodok und Ghelion. Deutlichstes Zeugnis aber legt davon die *Mappe meines Urgroßvaters* ab, obwohl hier der Schluß noch ins Positive gewendet wird. Jene Szene, die zum langdauernden Zerwürfnis der Liebenden, des jungen Doktors und Margaritas, führt, hat im Verlauf der vielen Umarbeitungen eine tiefgreifende und bezeichnende Veränderung erfahren. Die Regung der Eifersucht in dem jungen Mann äußert sich in der Erstfassung noch in einer Weise, die in ihrer Unbeherrschtheit, ihrem hochfahrenden Zorn der beleidigten Frau allen Anlaß gibt, von dem sich zurückzuziehen, der so aus dem Rahmen zu fallen vermag. Bis zur *Letzten Mappe*, der vierten Fassung, welche siebenundzwanzig Jahre später entsteht, wird jede psychologische Motivierung, jede Leidenschaft, jeder Affekt aus dem Auftritt getilgt, der als statuarischer Dialog seine endgültige Form findet. Alles, was vom Wesentlichen ablenkt, ist nun beseitigt; es geht nicht um die irgendwie motivierte, mehr oder weniger berechtigte Auflösung einer Verlobung, es geht um nichts anderes als die Lehre, daß die reine Liebe nur ganz bestehen kann oder gar nicht. Der unbeherrschte Charakter des Doktors in der Erstfassung wäre bloße Äußerlichkeit und sowohl zu verzeihen wie zu ändern; nie aber kann das Faktum wieder aus der Welt kommen, daß einmal Zweifel gewesen ist, wo nichts sein sollte als unbedingte Wahrheit. Anderes kann bleiben: Freundschaft, Hochachtung; aber das einzige, was Menschen unbedingt aneinander bindet, ist dahin. Der Bund der Ehe ist so, wie er auf einer reinen Wesenheit, der Idee der reinen Liebe, gegründet ist, durch eine solche, die Idee des Verrats, beständig bedroht. In Freundschaft kann verziehen werden, in Liebe nie. Und wo die Ehe, im *Waldgänger* wie im *Alten Siegel*, gebrochen oder gelöst wird aus welchem Grunde auch immer, da erwächst kein Heil mehr. Noch auf das nachsommerliche Verhältnis von Risach und Mathilde wirft dieses Wissen einen dunklen Schatten, wenn auch beider Beziehung zu einer späten Gemeinsamkeit gefunden hat. Eines wird hier überdeutlich: daß nämlich auch für die zurückblickende Erinnerung der subjektive Affekt, der hier Verzeihung zu heißen hätte, ohne Bedeutung ist. Von Wirksamkeit ist nur das, was war, und das hieß Bruch der Treue. Reine Wesenheit und subjektiver Affekt sind kategorial einander verschieden; wie könnte das Verzeihen, zu dem Mathilde bereit wäre, je das Sein des Verrats nur berühren?

Aber noch etwas anderes ist es, was Mathilde und Risach von einer späten Ehe abhält: die Kinderlosigkeit, zu der ihr Alter sie zwänge. Denn dies ist der andere Weg, dem Tod seinen Stachel zu nehmen: Die Familie verflicht nicht nur ihre Mitglieder in einen engen Kreis gegen die feindliche Welt, sie ist zugleich das Bündnis über die Generationsgrenzen hinweg und gegen die individuelle Vergänglichkeit. Stifter, der tief unter der eigenen Kinderlosigkeit litt, beschäftigte sich Zeit seines Lebens mit diesem Geschick, und noch der *Fromme Spruch* hat hier eines seiner Motive. Das schwankende Leben, stets vom Nichts bedroht im persönlichen Lebensende, findet seinen Trost im Bewußtsein der Erben. Der alte Hagestolz geht an diesem Leid zugrunde; Risach, in ähnlicher Situation, meistert es, indem er bei Natalie, Gustav und auch Heinrich die Vaterstelle vertritt, entscheidenden Einfluß nimmt, ihre geistige Ausbildung zu fördern. Persönliche Liebe ist die Bedingung der Ehe, die Natalie und Heinrich eingehen, der »Bund« aber, den sie schließen, ist mehr als das, ist mythischer Bund zugleich der Lebenden wie auch der Vorfahren und künftigen Generationen, Bund der Verwandtschaft gegen die ewige Vergänglichkeit. Kann aber die mythische Beschwörung des dauernden Seins in den urzeitlichen Bindungen des Blutes jene unendliche Verzweiflung übertönen, wie sie in den Schlußzeilen des *Hagestolz* hervorbricht? Und liegt diese wirklich nur in der behaupteten Motivation durch Kinderlosigkeit begründet? Eine Verzweiflung, die weiß, daß es kein vom Tode unberührtes Leben gibt, kein Sein vom Nichtsein unberührt. Wogegen nur das eine sich zu wenden vermöchte, das, was Stifter immer wieder mit allem Wollen auszustreichen sucht: die Liebe als Leidenschaft, als subjektiver Affekt, persönlichste Entscheidung eines einzelnen Individuums für ein anderes. Die Liebe indes, die er entwirft, ist zum Ende nicht mehr Trost, sondern einzig dessen Idee. »Ich dachte, daß vieles in diesen Worten nicht Ernst sein könne. Wenn er das Mädchen so sehr liebe, so hätte er es mir oder einem anderen gar nicht sagen sollen, auch wenn wir Freunde gewesen wären.« Die Idee der Liebe ist nur noch in der Idee gegeben, im Miteinander der Menschen wird sie unaussprechlich.

IV. *Ordnung*

Der *Nachsommer* ist dasjenige Werk Stifters, aus dem am nachhaltigsten sowohl die konfliktträchtigen Beziehungen der Menschen als auch die düsteren Seiten der Natur ausgespart bleiben. Dies bedeutet nicht, daß auf solchem Wege doch wieder anthropomorphe Projektion in Stifters Naturbild gelangt wäre; es bedeutet vielmehr, daß beide Seiten im menschlichen Bewußtsein einander vermittelt sind, daß die Angst vor der Heimatlosigkeit im stummen All nicht ohne den Bezug auf die Angst in der menschlichen Realität zu verstehen ist. Eine affektive Beziehung des Menschen zu seinen kosmologischen Erkenntnissen ist keineswegs selbstverständlich und unveränderlich. Wohl wäre denkbar, daß eine Organisierung der menschlichen Gemeinschaft, indem sie die sehr irdischen Ursachen der Not beseitigte, auch das Verhältnis zu den metaphysischen Gewißheiten zu berühren vermöchte. Stifter nahm an den politischen Entwicklungen seiner Epoche starken Anteil, doch durchschaute er sie ebensowenig wie seine persönlichen Lebensprobleme. Der entscheidende Moment des Zeitalters tritt mitten in die Höhe seiner Mannesjahre: die gescheiterte Revolution von 1848. Sie ist der Augenblick, der äußerste Erwartung von grauer Hoffnungslosigkeit scheidet. Die bürgerliche Emanzipation ist für Jahrzehnte der Restauration erlegen. Noch die Frankfurter Nationalversammlung begleitet Stifter mit großen

Hoffnungen, auch wenn aus den Worten eines Briefes schon die Ahnung der Niederlage spricht: »Ich halte das Frankfurter Werk für ungeheuer schwer – Möge Gott seinen Segen geben«. Was folgt, sind Rückzugsgefechte eines Enttäuschten, der zwar selbst kein Revolutionär war, doch eine Umgestaltung der politischen Verhältnisse als dringende Notwendigkeit sah; Rückzugsgefechte, die darin bestehen, Begründungen für die Niederlage zu finden, ohne den völligen Zusammenbruch der Hoffnung einzugestehen. »Mäßigung« wird gegen die Wirren der Revolution anempfohlen und das Ideal individueller Besserung: »Das Ideal der Freiheit ist auf lange Zeit vernichtet, wer sittlich frei ist, kann es staatlich sein, ja ist es immer; den andern können alle Mächte der Erde nicht dazu machen. Es gibt nur eine Macht die es kann: Bildung.« Gegen die kollektiven Erschütterungen weiß der Dichter keinen Rat als die ideologische Erklärung, daß sie nur von individuellen Unzulänglichkeiten herrührten, welche durch Erziehung aufzuheben wären. Dies ist die andere Seite des Rückzuges in reines Dichtertum: »Jeder Mißstand, jedes Übel (von jeder Seite) wird nur durch das gesänftigte, edle, ruhige aber allseitig beleuchtende Wort gut – durch dieses wird es aber ganz gewiß gut – und das Wort, diesen ›sanften Ölzweig‹, so heiß ersehnt, endlich errungen, gebrauchen wir jetzt so selten recht«. Rettung aus der Misere der Gegenwart verspricht nur noch der Rückzug in die Literatur, ja: auf das bloße Wort als Idee und als kategorialen Gegensatz zur Tat. Da alles Handeln zum Chaos zu führen scheint, bleibt nur die Abstraktion des Nichttuns und der Kontemplation. Abstraktion aber bestimmt mehr und mehr die politischen Anschauungen Stifters, bis hin zu einer aberwitzigen Dialektik von Freiheit und Unterwerfung, wie sie schon der Pfarrer im Ritual dem drohenden Gewitter gegenüber praktizierte: »Selbstbeherrschung bis zur Opferung des Lebens, Maß bis zur Verleugnung der heißesten Triebe ist nur in der Freiheit möglich; denn sonst kann es als Gebundensein nicht als Selbstbestimmung vorliegen.« Das Fatum hält Einzug auch in die Politik, der Freiheit folgt das Reich der Ordnung. Die Angst, die Stifter quält, ist die vor dem ungebremsten Ausbruch all jener vitalen Regungen, die er auch in sich spürt. Die Enge seines Lebens wie die Enge seiner Zeit sind gebaut auf deren Unterwerfung, und der Dichter, der unter der Erstickung seines Lebens leidet, leidet noch mehr unter der Angst vor deren Ausbruch. Alles was den geregelten Gang der Dinge unterbricht, scheint ihm das mühsam gefestigte Fundament seines Daseins zu untergraben, und das ist ihm, trotz all seines Unglücks in Leben, Ehe und Beruf, die schwerere Bedrohung. Die Angst davor wird zur Angst vor der geschichtlichen Bewegung als solcher.

Dies ist der Grund für die Reduzierung der menschlichen Gesellschaft auf ihre kleinste Einheit, die Familie. Diese ist, auf persönlichen Verhältnissen begründet, der Abstraktion des Staatswesens enthoben; Stifter denkt sie sich als Urzelle der menschlichen Gattung und damit als ewig und geschichtslos; sie soll dem nachrevolutionären Schriftsteller das konfliktfreie Miteinander der Menschen garantieren.

Die Idylle wird zum Modell der Politik. »Aber eines ist gewiß, das reine Familienleben, wie es Risach verlangt, ist gegründet, es wird, wie unsre Neigung und unsre Herzen verbürgen, in ungeminderter Fülle dauern, ich werde meine Habe verwalten, werde sonst noch nützen, und jedes, selbst das wissenschaftliche Bestreben hat nun Einfachheit Halt und Bedeutung.« So lautet der programmatische Schlußsatz des *Nachsommers*. Die Familie als Mikrokosmos der Gesellschaft ist auch deren Sinngebung; all das, was Stifter als ihre positiven Bestimmungen denkt, geht auch auf das staatliche Leben über, solange es auf ihr gegründet ist. Und wenn die Familie ihre rettende Macht auch aus den generationenüberdauernden Verwandtschaftsbanden zieht, so ist auch jeder politische Zustand nun schon gerechtfertigt, wenn er organisch aus der Vergangenheit erwächst: »Das ist gewiß: wenn auch im gegenwärtigen Staatsdienste Veränderungen notwendig sein sollten, und wenn die Veränderungen in dem früher angeführten Sinne vor sich gehen werden, so hat der gegenwärtige Zustand doch in den allgemeinen Umwandlungen, denen der Staat so wie jedes menschliche Ding und die Erde selbst unterworfen ist, sein Recht, er ist ein Glied der Kette, und wird seinem Nachfolger so weichen, wie er selber aus seinem Vorläufer hervorgegangen ist.« Übertragen ist damit die Mythologie von der Blutsverwandtschaft auf den Lauf der Geschichte selbst. Der Zusammenhang über die Zeitalter widerlegt das Vergehen der Zeit. Die Idylle ist statisch und ohne Veränderung, und die ganze große Anstrengung des

Witiko wird darin bestehen, die Idylle als das Wesen der Geschichte zu entwickeln, den geschichtlichen Prozeß als in sich kreisende Statik zu zeigen. Die Revolution könnte diese prästabilisierte Harmonie nur mehr zerbrechen, und diese Vorstellung wird von Stifter nun mit keinerlei Zuversicht mehr besetzt.

Die familiäre Idylle als Fundament gesellschaftlichen Lebens bedeutet das Ende einer ständischen, hierarchischen Gesellschaft, sie antizipiert den Partikularismus des entwickelten Bürgertums, verrät indes auch alle Ideale der verlorenen Revolution. Diesen Konflikt versucht Stifter durch eine Konstruktion des idealistischen Liberalismus zu lösen, die in den folgenden Zeitläuften zu großer ideologischer Wirksamkeit kam: »Ich wiederhole, was wir oft gesagt haben, und womit Euer ehrwürdiger Vater auch übereinstimmt, daß der Mensch seinen Lebensweg seiner selbst willen zur vollständigen Erfüllung seiner Kräfte wählen soll. Dadurch dient er auch dem Ganzen am besten, wie er nur immer dienen kann. Es wäre die schwerste Sünde, seinen Weg nur ausschließlich dazu zu wählen, wie man sich so oft ausdrückt, der Menschheit nützlich zu werden.« Die Erkenntnis, daß in der modernen Gesellschaft unterschiedliche partikulare, einander widersprechende und trotzdem gleichberechtigte Interessen existieren, wird in den Worten Risachs affirmativ dahin gewendet, daß das Allgemeinwohl, dessen die Gesellschaft überwölbende Idee nach 1848 nicht mehr einfach ignoriert werden konnte, die Summe des Wohles der Einzelnen ist. Nicht das Glück aller verspricht dem Individuum auch sein eigenes; nein, umgekehrt soll das Glücksstreben jedes Einzelnen in der Summe die Wohlfahrt aller begründen. Mit dieser arithmetischen Legitimierung der bürgerlich-kapitalistischen Gesellschaft hat Stifter sich, wie immer volkspädagogisch seine Gründe waren, von den Hoffnungen der Revolution verabschiedet und ins Lager der Restauration begeben. Doch ist sein politisches Denken darin nicht erschöpft; die simple Wiedereinsetzung der alten Verhältnisse kann ihm nicht jene Angst nehmen, die einmal den Wunsch nach Veränderung geweckt hatte. Stifter ist nicht interessiert an den Interessen einzelner sozialer Gruppen; er sucht nach einer Macht, die stärker wäre als die Geschichte schlechthin. Zum Reaktionär wurde er nicht einfach, weil die Revolution ihm Chaos dünkte, sondern weil er die Restauration unpolitisch als Teil jener umfassenden Ordnung verstand, die einzig ihn das Leben meistern machte. Alles in Stifters Werk drängt zur Ordnung, zur Konstruktion, zur Statik, und alles drängt zur Kleinheit: In der Idylle sucht der Mensch sich klein zu machen gegenüber dem Triumph des Todes. Kleinheit und Bewegungslosigkeit sind das Ende der Geschichte; Stifter wurde zum Reaktionär, weil er, vor Angst erstarrt im Angesicht der geschichtlichen Bewegung und des Grauens, das sie über die Menschen bringt, ihren Prozeß als Ganzen zu beenden trachtete und dabei nicht erkannte, daß der Stillstand in der Restauration nicht das Ende, sondern die Perpetuierung des Unheils ist.

V. *Tradition*

Die Entwicklung Stifters ist nicht einfach eine hin zur literarischen Reaktion, denn konservative Tendenzen sind schon in seinem Frühwerk festzustellen. Der Begriff des Konservativen jedoch hat einen doppelten Sinn: Zum einen bezeichnet er eine Haltung, die im Marsch des Fortschritts zu bewahren sucht, was zu bleiben würdig ist, zum anderen das engstirnige Festhalten am Überkommenen um jeden Preis. Beide Momente sind nie ganz voneinander geschieden, denn der reine Wertkonservative, der klar das Bewahrenswerte vom Überlebten zu scheiden wüßte, ist eine Fiktion – oder eben kein Konservativer mehr. In Stifter wird die Entwicklung deutlich; er fühlt, was dem Strom des Fortschritts zum Opfer fällt und aus ihm geborgen werden muß, er verfällt aber ebenso immer wieder einer Ablehnung des Neuen insgesamt. Je mehr er den Verfall der modernen Zeiten beklagt, desto mehr gerät ihm das Gegenbild des Vergangenen in seinen konkreten Ausformungen zur nur noch leeren Schablone, mitunter zum vorurteilshaften, anschauungslosen Allgemeinplatz. »In den mittelalterlichen Gebilden war es mir ein liebes, einfaches, argloses Gemüt, das gläubig und innig nach Mitteln griff, sich auszusprechen, der Mittel nicht völlig Herr wurde, dies nicht wußte, und doch Wirkungen hervorbrachte, die noch jetzt ihre Macht auf uns äußern und uns mit Staunen erfüllen. Es ist die Seele, die da spricht und in ihrer Reinheit und in ihrem Ernste uns mit Bewunderung erfüllt, während spätere Zeiten [...] trotz ihrer Einsicht, ihrer Aufgeklärtheit und ihrer Kenntnis der Kunstmittel nur frostige Gestalten in unwahren Flattergewändern und übertriebenen Gebärden hervorbrachten«. Solche Apologie des Mittelalters auf Kosten der Neuzeit ist nicht nur kleinbürgerliches Ressentiment, sie ist auch da, wo sie möglicherweise etwas Wahres an ihrem Gegenstand beschrieben hätte, fern jeder ästhetischen Erkenntnis, denn sie nimmt nirgendwo die veränderten Bedingungen zu künstlerischer Produktion in einer veränderten Welt wahr. Das »liebe, einfache, arglose Gemüt« des Mittelalters ist ganz und gar keine historische Realität, sondern biedermeierliche Projektion: ist Programm.

Das Programm heißt Tradition, und zu ihr läßt Stifter als konservativer Autor ein besonders enges Verhältnis erwarten. Sein Ziel war nicht die umwälzende Entwicklung neuer literarischer Formen, im Gegenteil sah er sich als Bewahrer der allerorten bedrohten Überlieferung vergangener Generationen. Am Verhältnis zu diesem Gut der Vergangenheit indes läßt sich das Doppelgesicht seines Bewahrungsimpulses genau verfolgen, am genauesten auf dem Gebiet seiner eigenen Kunst. Hier nämlich ist das Vorbild Goethe ebenso beständig spürbar, wie die Differenz zu dessen Leben und Werk. Von Goethe scheidet Stifter nicht nur die Enge seiner Persönlichkeit und Existenz, der Mangel an Welt; viel begrenzter ist auch das Maß der künstlerischen, gesellschaftlichen, geographischen Erfahrungen, welche als Tradition in sein Werk eingingen. Lebendig sind ihm nur die einiger jüngstvergangener Generationen, und schon eine Anschauung der Antike, für Goethe so grundlegend wichtig, blieb ihm gänzlich versagt, und damit auch ein Begriff des Tragischen. Doch ebensowenig war ihm ein treffendes Bild des Mittelalters und seiner Kunst gegeben, einer Epoche mithin, die in seinem Werk, nicht erst in *Witiko*, von zentraler Bedeutung ist als Gegenbild zur eigenen Wirklichkeit. Die ästhetischen Ideen, welche für die Gestaltungen der Goethezeit von eminentem Gewicht sind, haben für Stifter ihr Interesse verloren. Dies zunächst für den Schriftsteller, der kein aus der theoretischen Reflexion schaffender Autor war; doch reagierte er damit auf seine allgemeinere Erfahrung, daß die Welt, die ihn umgab, mit den Ideen Goethes und seiner Zeit nicht mehr umstandslos zu begreifen war. Stifter ist ein genuin moderner Autor, denn er hat die Erfahrungen der nachgoetheschen Literatur, der Romantik, des Jungen Deutschland und auch eines Einzelgängers wie Jean Paul aufgenommen; Reaktionär wurde er, wo er trotzdem auf einer Tradition beharren wollte, die ihm in ihrer inneren Substanz, über die Tatsache hinaus, eben Tradition zu sein, nichts mehr zu sagen hatte. Die Spur der Kunstanschauungen, wie sie im *Nachsommer* entwickelt werden, läßt sich zurückverfolgen, die Diskussion über das Marmorbild im Rosenhause direkt auf Goethes Laokoon-Aufsatz von 1797 beziehen. Doch die Gestaltung der Szene zeigt, wie wenig von dessen Gehalt bewahrt blieb: Im

Zentrum des Gespräches steht, neben einer langen unglaubhaften Geschichte von der Entdeckung der Figur, die Frage nach der Wirkung des Kunstwerks, nach der psychischen Disposition des sie betrachtenden Menschen. Das klassizistische Gewand, mit unmittelbaren Anleihen bei Goethe, ist äußerlich; die bildende Kunst, und erst recht seine eigene Produktion, ist Stifter Bestandteil jenes bürgerlich-idyllischen Mikrokosmos, der von allem fremden Einfluß abgetrennt ist; sie ist Gegenstand der Kontemplation, der empfindsamen Beschaulichkeit im häuslichen, familiären Rahmen, ist schöner Schmuck des Lebens. Die Worte der Winckelmannschen Formel von der Antike in edler Einfalt und stiller Größe kämen dem Programm Stifters sehr gelegen, interpretiert jedoch in einem biedermeierlichen Sinne unmittelbarer Wörtlichkeit. Eine eigene Erfahrung des Überlieferten steht nicht mehr dahinter. Eben diesen Traditionsverlust sucht Stifter immer wieder als bloßen Verfall zu deuten, er wagt nicht zu denken, daß er objektive geschichtliche Gründe haben könnte. Er hofft auf kommende Generationen, um die subjektive Unfähigkeit seiner Gegenwart zu überwinden, und hier rächt sich gewiß auch jene Isolation des Metternichschen Österreich, die jede Begegnung mit fortgeschrittener europäischer Literatur und Kunst vollständig unterband. So beschwört er die Tradition, die er selber nur noch als leere Hülse bewahrt, wie die Bindung an die persönliche Vergangenheit in der Genealogie. Die Kunst, die als praxisenthobenes Gebiet die Tradition zu halten vermag wie kein anderes, wird ihm damit von einem Mittel der ästhetischen Gestaltung zum unmittelbaren Objekt kultischer Verehrung. Die adäquate Weise, sich einem Kunstwerk zu nähern, wird die demütige Verneigung. Goethes Satz: »Ein echtes Kunstwerk bleibt, wie ein Naturwerk, für unsern Verstand immer unendlich; es wird angeschaut, empfunden; es wirkt, es kann aber nicht eigentlich erkannt, viel weniger sein Wesen, sein Verdienst mit Worten ausgesprochen werden«, erfährt eine sowohl biedermeierliche, als auch eine ihn ins unmittelbar sakrale umdeutende Auslegung. Das Kunstwerk wird zur Devotionalie und das Religiöse zum erbaulichen Bestandteil der kleinen Welt. Der Begriff der Tradition verdeckt, daß der Sinn des Beschworenen längst verlorenging.

VI. *Schuld*

In der *Mappe* berichtet der Obrist vom Tode seiner Frau, von jener letzten großen Wanderung, da sie im Gebirge an eine Schlucht gelangten, die nur über eine schmale, schwankende, von Holzfällern eingerichtete Brücke zu überwinden war. Als die Hälfte des Weges schon hinter den Schreitenden lag, da ergriff die Frau ein Schwindel vor der Gewalt des gähnenden Abgrunds, und ohne einen Laut und ohne die Möglichkeit von Hilfe stürzte sie in die Tiefe. Die Suchenden fanden nichts als den zerschmetterten Körper. Die Natur aber, erhaben und drohend, ist unberührt von diesem menschlichen Geschick, und sie ist noch eines: unschuldig. Kaum ein Eigenschaftswort wird von Stifter so häufig gebraucht wie dieses, und sein metaphorischer Gebrauch verweist auf den Moment, da die immer wieder erlebte Fremdheit der Natur ihre metaphysische Umdeutung erfährt. Diese wird nicht, wie es konsequent wäre, begriffen als der moralischen Sphäre von Schuld oder Unschuld enthoben, vielmehr wird ihre blinde Gewalt als das Unschuldige schlechthin gedacht. Sie reißt den Menschen in die Tiefe und bleibt doch rein und frei von Schuld; schuldig ist der Mensch, der ihrer Macht sich nicht unterwirft, der auf schwankendem Steg ihre Abgründe zu meistern sich vermißt. So wird die Natur zur Metapher für die Unschuld überhaupt, unschuldig ist, was dem Natürlichen am engsten verhaftet bleibt. »Johanna, liebes furchtsames Reh – «, das Kind, in der Vorstellung ursprünglich, unschuldig und rein, ist gleichsam ein Naturwesen wie das scheue Waldtier. Die ganze Eingangsszene des *Hochwalds* ist ein einziges Bild der Unschuld, wie Stifter sie sich im Menschlichen denkt, und niemand ist ihr näher als die reine Jungfrau, für die dieses Schwesternpaar einsteht. »Und wenn wir so die zwei schönen Angesichte gegenüber sehen, ihre Worte hören, jedes ein durchsichtiger Demant, gefaßt in das Silberklar der Blicke, so däucht uns das einfache Gemach, obgleich umlegt mit Geräthen täglichen Gebrauches, dennoch geweiht und rein, wie eine Kirche.« Der *Hochwald* mit seinen überquellenden empfindsamen Metaphern, seiner tränenvollen Rührung, macht deutlich, wie sehr Stifters Begriff der Unschuld dem seiner biedermeierlichen Idylle verbunden ist. In ihrer Beschränktheit und Provinzialität negiert sie die Schuld schon durch ihre Kleinheit, denn alle wahrhaft tragische Schuld hat Größe. Aber auch ein Gesellschaftliches spricht sich darin aus, denn Schuld ist nur im Miteinander, sei es der Menschen, sei es der anthropomorphen Götter, und dieses Miteinander ist das, was in der Idylle, auf das reine Familienleben reduziert, Freiheit von Geschichte und Schuld gerade garantieren soll. Der Familienkreis als naturhafte Gegebenheit ist so schuldlos wie die Natur selbst.

Die Verwirrung in Stifters Vorstellung von der Schuld rührt daher, daß er zu keiner klaren Anschauung des Tragischen gelangt. Er erkennt nicht Schuld und Tragik als metaphysisch-ästhetische Ideen und begründet sie deshalb allein auf einem Impressionismus des Erzählten. Ein helles Licht wirft darauf der Schluß des *Abdias*, der die Begriffe von Natur und Schicksal, Tragik und Zufall beliebig und vertauschbar macht. Berichtet wird vom Leben des Juden Abdias, dessen Unglück sich nach vieler Irrfahrt da vollendet, wo er Ruhe und Rettung zu finden hoffte. Aber ein Blitz schlägt ein in die Idylle, tötet des alten Mannes Tochter Ditha und läßt den Vater allein zurück. Dieselbe Natur, die mit dem Blitze tötet, verklärt die Szenerie mit lebenspendender Frische und Regenbogen nach dem Ungewitter. Das Ende der Erzählung ist nicht Tragik, sondern Zufall, und der Tod des Mädchens ist nicht Schicksal, sondern meteorologisches Ungemach im Walten der Natur. Die Erzählung vom Juden Abdias, der aus den orientalischen Wüsten in die Wälder Österreichs verschlagen ward, hat kein eigentliches Ende; sie wird zufällig abgebrochen, weil ihre Figuren eines zufälligen Todes sterben. Bei Stifter hat sich der geschichtliche Wandel vollzogen, der vom idealistischen Drama, von der Tragödie zur Erzählung führte. Die idealistisch geschlossene Konstruktion des Lebens, das sich im tragischen Tod erfüllte, ist zerbrochen, und der blinde Zufall, die Kontingenz des Lebens, tritt an ihren Ort. Verlorengegangen dabei ist jedoch der klare Begriff der ästhetischen Ideen, denn was kritisch gemeint sein könnte, daß das Leben als sinnhaftes Ganzes nicht mehr lebt, das ist nicht Stifters Gedanke. Er denkt sich falsch den Blitzschlag als tragisches Geschehen und macht es damit zu Dämonie. Tragisch aber könnte ein solcher Tod nur sein, wo die Formen der Natur das mittelbare Walten der Götter wären; also nur da, wo der Blitz nicht Blitz, sondern Donnergott ist. Dem aber widerspricht schon Stifters Gedanke einer ursprünglichen Reinheit und Unschuld der Natur, der allen Gegensatz und Widerspruch im Naturgeschehen selbst ausschließt. So hat der Tod bei Stifter keinen Sinn mehr, nur wenige seiner tragenden Gestalten sterben. Und wo er trotzdem kommt, etwa im *Hochwald*, da kommt er wie die blinde Macht der Naturgewalten: Von ihrem fernen Aussichtspunkt sehen die Mädchen das väterliche Schloß winzig im Fernglas, ein fast idyllisches Bild, getrübt nur von einer kleinen Rauchwolke, die sich über dem Gebäude im blauen Himmel kräuselt. Am Tag der Vernichtung selbst ist nichts zu sehen; Nebel, Natur verhüllt das Grauen. Was hier die Lehre sein könnte, wie auch in *Granit*, wo die Menschen sich vor der Pest vergeblich in die höchste Einsamkeit der Bergwälder zu flüchten suchen, nämlich daß es kein Entrinnen vor dem Schicksal gibt, das kann zugleich die Lehre nicht sein. Denn es ist kein Schicksal verhängt, nicht über die Mädchen in *Hochwald* noch über die Pechbrenner in *Granit*, und es ist niemand, der es verhängt hätte. Wem sie zu entgehen suchen, ist irdisches Unglück, und daß es sie einholt – Zufall. Tragische Schuld im klassischen Sinne ist hier unmöglich, und doch sucht Stifter ihren Begriff zu wahren. Im *Alten Siegel* wird von einem Ehebruch berichtet, der ohne jede Absicht ist, denn nichts weiß Hugo davon, daß seine Geliebte bereits Gattin eines anderen ist. »Hugo wurde noch blässer, und sagte: ›Ich habe gedacht, ein anderes

Leben führen zu wollen, als der Gatte einer Witwe zu sein, von dem sie sagen, daß er schon vor dem Tode ihres Mannes mit ihr im Einverständnisse gewesen sei.‹ – ›Sie werden es nicht sagen, Hugo‹, antwortete sie, ›denn kein Mensch weiß es.‹ – ›Ich selber würde es sagen‹, erwiderte er. – ›Du wirst es nicht sagen: denn du bist unschuldig‹, antwortete sie«. Und die Frau hat Recht, denn ohne den Begriff des tragischen Schicksals kann es für den Unwissenden im moralischen Sinne keine Schuld geben. Im antiken Ödipusmythos wird anderes berichtet. Er, der sich unterworfen sieht der Macht des Schicksals, verkündet durch das Orakel von Delphi, ist schuldig, und mag er noch so unwissend gehandelt haben. Daß er schuldlos schuldig ward, ist seine Tragik. Auch Stifter erzählt die Geschichte eines Vatermordes. Doch das Geschehen in *Zuversicht* kann nicht den Stoff zu einer Tragödie geben; Zufälle, beliebige Mißverständnisse, Zorn und der ziellose Gang der Weltgeschichte führen Vater und Sohn auf dem Schlachtfelde einander entgegen und in den Tod. Da der Sohn erkennt, wer als sein Opfer erschossen vor ihm liegt, macht er selbst seinem Leben ein Ende; ihm ist möglich, was Ödipus versagt ist, den seine Schuld verfolgt bis ans Ende der Welt. In Stifters Welt gibt es weder Schicksal noch Göttinnen der Rache, und dem Sohn, der zum Mörder seines Vaters wurde, wird der Freitod, allein mit seiner Verzweiflung unter einem götterlosen Himmel, zur Rettung ins Nichts. Woher der Titel *Zuversicht*? Woher ein Wort, das über einer solchen Begebenheit nur mehr als Zynismus oder Wahnsinn wirkt? Vielleicht erschien es Stifter in seiner Verzweiflung schon als Trost, daß es überhaupt eine Rettung noch gibt, und sei es auch die in die Vernichtung; daß es in einer gottverlassenen Welt des Zufalls kein Geschick und kein Grauen geben kann, welches auf den willkürlichen Ratschluß der Götter hin ewig wäre. Ewig ist nur die ursprüngliche Reinheit und Unschuld der Natur und die Vergänglichkeit der Menschen in ihr.

Doch wo diese gleichsam naturrechtliche Idee der Unschuld gedacht wird, da erhebt sich drohend das Bild jener Schuld, wie es Calderón in seiner Tragödie *La vida es sueño* formulierte: »Pues el delito mayor / del hombre es haber nacido«, zu Deutsch: Denn die größte Schuld des Menschen / ist, daß er geboren ward. Wo nämlich die Unschuld als reine, ursprüngliche Natürlichkeit vorgestellt ist, da ist die Nachtseite jene uranfängliche Schuld, die mit der Geburt des menschlichen Bewußtseins gesetzt ist. Eine Metapher wie die von den »bewußtlos schönen Augen« verrät, wie Stifter in diese Dialektik verstrickt ist. Als in der *Narrenburg* Heinrich der reinen Jungfrau Anna seine Liebe gesteht, da sind dies die Worte seiner Anrede: »Du liebe Blüte«, »du Alpenblume«, »du unschuldsvoller Engel«, »du unbewußtes Juwel«. Stifter will diejenige, die Heinrich zur Gattin gewählt hat, in höchster Schönheit und Reinheit zeigen, und die Worte machen sichtbar, daß er diese sich nur als eine gleichsam vormenschliche Naturhaftigkeit zu denken vermag. Anna weiß nichts von ihrer Unschuld, und nur deshalb ist diese ihr Wesen; da sie Heinrich das Treuebekenntnis abverlangt, antwortet dieser: »Gegen die Natur, geliebtes Herz, kann man nicht falsch sein, man ist es nur gegen Wiederfalsches.« So wie aber das Bild der Natur bei Stifter immer wieder umschlägt und von dämonischen, gewalttätigen Kräften bestimmt wird, so wendet auch die Unschuld sich ins Gewaltsame. Wo die Natur, was immer sie auch den überwältigten Menschen zufügt, unschuldig ist, da sind diese, die Opfer, a priori im Stande der Schuld. Was ihnen auch immer geschieht, geschieht ihnen zu Recht. Eine vordergründig verwandte Einsicht formulierte in *Mein Wort über das Drama* Stifters großer Gegner Hebbel mit dem Satze, die dramatische Kunst habe »die Vereinzelung durch die ihr eingepflanzte Maßlosigkeit selbst immer wieder aufzulösen und die Idee von ihrer mangelhaften Form zu befreien gewußt. In der Maßlosigkeit liegt die Schuld, zugleich aber auch, da das Vereinzelte nur darum maßlos ist, weil es, als unvollkommen, keinen Anspruch auf Dauer hat und deshalb auf seine Zerstörung hinarbeiten muß, die Versöhnung, so weit im Kreise der Kunst danach gefragt werden kann. Diese Schuld ist eine uranfängliche, von dem Begriff des Menschen nicht zu trennende und kaum in sein Bewußtsein fallende, sie ist mit dem Leben selbst gesetzt.« Doch der tragische Held Hebbels geht nie an der bloßen Übermacht einer blinden Naturgewalt zugrunde; ihn fällt die objektive Notwendigkeit der tragischen Situation, die Dialektik des Rechts eines großen, »maßlosen« Individuums auf Schicksal und seiner Vernichtung im Lebensstrom. »In der Maßlosigkeit liegt die Schuld« – dieser Satz fände auch Stifters Zustimmung, doch nicht als tragische Erkenntnis, sondern als moralische Maxime. Die Maßlosigkeit ist ihm nicht tragische Situation des Helden, der sein Schicksal fordert, indem er das gesetzte Maß überschreitet und darin untergeht; sie ist ihm persönliches Verschulden eines unbescheidenen Menschen. Stifters eigene Individualität spricht sich hier aus: Die Angst vor der Übertreibung ist ein typisch kleinbürgerlicher Impuls.

Das wahrhaft tragische Verhängnis verleiht dem Helden das Privileg eines, seines eigenen Todes, der nicht als Zufall, Blitz oder Krankheit erscheint; dafür jedoch ist er unausweichlich in seiner dialektischen Notwendigkeit. Dem tragischen Helden ist verwehrt, was Stifters Menschen möglich ist: sich klein zu machen vor dem Tode. Deshalb ist der berühmte Streit zwischen Hebbel und Stifter nicht eine Auseinandersetzung um Fragen beliebigen Geschmacks: Stifters Hinneigung zu den kleinen Dingen, die er in der Vorrede zu den *Bunten Steinen* zum Programm erhebt, liegt in der Konsequenz all seiner Dichtung. Sein Irrtum ist der, nicht erkannt zu haben, daß Tragik ohne Größe undenkbar ist und vor allem auch die Dialektik von Schuld und Unschuld außerhalb des Tragischen. Was zunächst Kritik ist an der Vorstellung, die Größe des Gegenstandes verbürge schon die Größe des Kunstwerks, wird dann affirmativ gewendet als Aufhebung der Begriffe von Größe und Kleinheit überhaupt. Stifter überwindet die Idee des Tragischen nicht in historischer Kritik, vielmehr transformiert er sie in eine Unterwerfung der hilflosen Menschen unter die Macht. Die Diminution, die Sehnsucht nach dem Verschwinden ergreift Besitz nicht nur von der Diktion des Autors, sondern auch von der Person Stifter so weit, daß er in der Vorrede zu den *Bunten Steinen* nicht nur das Kleine als Sujet verteidigt, sondern sich gar selbst in seiner dichterischen Existenz zu verkleinern und zu banalisieren trachtet. »Großes oder Kleines zu bilden hatte ich bei meinen Schriften überhaupt nie im Sinne, ich wurde von ganz anderen Gesetzen geleitet. Die Kunst ist mir ein so Hohes und Erhabenes, sie ist mir, wie ich schon einmal an einem anderen Ort gesagt habe, nach der Religion das Höchste auf Erden, so daß ich meine Schriften nie für Dichtungen gehalten habe, noch mich je vermessen werde, sie für Dichtungen zu halten. Dichter gibt es sehr wenige auf der Welt, sie sind die hohen Priester, sie sind die Wohltäter des menschlichen Geschlechtes.« Hier spricht nicht etwa Koketterie des Autors; hier spricht die Sehnsucht, einer Welt, die auch in der dialektischen Konstruktion des tragischen Geschicks keinen Sinn mehr finden kann, sich zu unterwerfen; in ritueller Verkleinerung sich zu üben bis hin zum Verschwinden ins rettende Nichts.

VII. *Riss*

> Doch der Mann in einer heitren Regung
> Fragte noch: »Hat er was rausgekriegt?«
> Sprach der Knabe: »Daß das weiche Wasser in Bewegung
> Mit der Zeit den mächtigen Stein besiegt.
> Du verstehst, das Harte unterliegt.«
>
> Bertolt Brecht

Mit dem Begriff des Gesetzes bezeichnen die europäischen Kultursprachen zwei Sachverhalte, die von ihrem inneren Wesen her vollkommen verschieden sind und nur im übertragenen Sinne miteinander in Verbindung gebracht werden können. Das juristische Gesetz bezeichnet in der prinzipiell als unendlich zu denkenden Zahl menschlicher Handlungen gewisse Grundstrukturen und stattet diese mit Geboten und Verboten aus. Diese Normen aber verhindern nicht tatsächlich das normwidrige Verhalten, und gerade deshalb muß ein Übertreten des Gesetzes, so es geschieht, mit Sanktionen und Strafen belegt werden. Das menschliche Gesetz also ist ein moralischer Kodex, der das unendliche Kontinuum möglicher Handlungen klassifiziert und dieser Klassifizierung folgend jede einzelne Handlung entweder zuläßt oder zu lenken oder gar zu verhindern sucht. Nicht so das Naturgesetz. Das Naturgesetz ist eine deskriptive Feststellung dessen, was in der Natur vorgefunden wird, ist eine Beschreibung der Regeln, nach denen jedes natürliche Geschehen zwangsläufig geschieht. Das Naturgesetz kann deshalb nicht übertreten werden. Damit ist es nicht mehr normative Anleitung für ein erwünschtes Geschehen, es ist das Geschehen, ist die Natur selbst. Wird das menschliche Gesetz übertreten, so wird es dadurch nicht widerlegt, sondern es stellt durch Sanktionen seine Ordnung wieder her; wird jedoch ein Naturgesetz übertreten, so widerlegt diese Beobachtung das nur irrtümlich so genannte Gesetz selber. Das »sanfte Gesetz«, das Stifter in der Vorrede zu den *Bunten Steinen* formuliert, steht im Zentrum seines Weltbildes, und so ist zu fragen, welchem Begriff des Gesetzes seine Idee folgt. Ist das »sanfte Gesetz« eines, das Güte und Liebe normativ in die menschliche Gemeinschaft tragen soll? Oder ist es etwas, was immer schon als tiefe Gegenkraft und ewiges Tao im Inneren der Welt verborgen war? Die Antwort liegt wiederum in Stifters Schwanken, und dieses Schwanken findet hier seinen innersten Impuls. Die berühmte programmatische Vorrede wurde ausgelöst durch Friedrich Hebbels ebenso polemische wie verkehrte Verse: »Wißt ihr, warum euch die Käfer, die Butterblumen so glücken? / Weil ihr die Menschen nicht kennt, weil ihr die Sterne nicht seht!« So naiv Hebbels Entgegensetzung von Blume und Stern, so naiv Stifters Antwort in der Selbstverkleinerung als Dichter. Doch ist diese individuelle Wendung ein im Grunde inkonsequentes und überflüssiges Seitenstück, denn die Dialektik von Großem und Kleinem zielt auf eine ganz andere Schlußfolgerung, und indem Stifter hier die Sphären des Menschlichen und Natürlichen, des normativen und des deskriptiven Gesetzes in beständigem Hin und Her mißachtet, gelingt ihm im »sanften Gesetz« einer der verstörendsten, das eigene Jahrhundert weit überschreitenden ästhetischen Gedanken – den er durch innere Inkonsequenz dann jedoch auch immer wieder aufhebt.

»Das Wehen der Luft das Rieseln des Wassers das Wachsen der Getreide das Wogen des Meeres das Grünen der Erde das Glänzen des Himmels das Schimmern der Gestirne halte ich für groß: das prächtig einherziehende Gewitter, den Blitz, welcher Häuser spaltet, den Sturm, der die Brandung treibt, den feuerspeienden Berg, das Erdbeben, welches Länder verschüttet, halte ich nicht für größer als obige Erscheinungen, ja ich halte sie für kleiner, weil sie nur Wirkungen viel höherer Gesetze sind.« Auf die ohne Komma und Nebensatz vorgetragene Litanei des Weichen, Schwachen, Kleinen folgt das rhythmisch gegliederte Stakkato von Härte, Größe und Kraft. Doch Stifters Argumentation ist brüchig: So zwingend sein Widerspruch gegen Hebbels Hierarchie, so willkürlich und normativ deren bloße Umkehr. Stifter schwankt, ob er die Hierarchie von Großem und Kleinem im ganzen aufheben will – was nur konsequent wäre, denn das »Grünen der Erde« wie »das Erdbeben, welches Länder verschüttet« sind in ganz gleichem Sinne »nur Wirkungen viel höherer Gesetze« und nicht eigenständige Ursache – oder ob er die Größe des Kleinen dekretieren soll. Im Sinne der universalen, kosmischen Ordnung wäre selbst vor der Entdeckung der atomaren Struktur der Materie die eine Hierarchie so unbegründet wie die andere. »So wie es in der äußeren Natur ist, so ist es auch in der inneren, in der des menschlichen Geschlechts.« An dieser Stelle, wo Stifter vom Natürlichen zum Menschlichen überspringt, klafft ein Riß: Unerkennbar bleibt, ob er an eine allegorische Parallele denkt oder an einen wirklichen Zusammenhang, an ein Gesetz, das tatsächlich in beiden gilt. Für das, was nun folgt, wäre die Berufung auf die »äußere Natur« gar nicht notwendig: »Es gibt Kräfte die nach dem Bestehen des Einzelnen zielen. Sie nehmen alles und verwenden es, was zum Bestehen und zum Entwickeln desselben notwendig ist. Sie sichern den Bestand des einen und dadurch den aller. Wenn aber jemand jedes Ding unbedingt an sich reißt, was sein Wesen braucht, wenn er die Bedingungen des Daseins eines anderen zerstört, so ergrimmt etwas Höheres in uns, wir helfen dem Schwachen und Unterdrückten, wir stellen den Stand wieder her, daß er ein Mensch neben dem anderen bestehe, und seine menschliche Bahn gehen könne, und wenn wir das getan haben, so fühlen wir uns befriediget, wir fühlen uns noch viel höher und inniger als wir uns als Einzelne fühlen, wir fühlen uns als ganze Menschheit.« Nur im ersten Schritt handelt es sich hier um eine Apologie des idealistischen Humanismus, der zweite führt zu einem Gedanken, der gerade dieses Menschenbild von Jahrhunderten europäischer Literatur- und Geistesgeschichte überschreitet, ja, mehr noch: der die Grundlagen der neuzeitlichen Zivilisation radikal in Frage stellt. Der zivilisatorische Fortschritt, der zur entwickelten Gesellschaft des neunzehnten Jahrhunderts führte, ist errichtet auf der Idee der bedeutenden Tat, des großen Individuums, des Kampfes um Macht, der Gewalt des Überlegenen, des historischen Augenblicks, der Entdeckungen, der Produktivität, des Nutzbarmachens aller verfügbaren Kräfte, und er setzt voraus, daß Opfer in diesem Prozeß so unvermeidbar wie gerechtfertigt sind; die Idee des Tragischen ist gebunden an diese Idee. Dem nun setzt Stifter ein Anderes entgegen: das »Gesetz der Gerechtigkeit das Gesetz der Sitte, das Gesetz, das will, daß jeder geachtet geehrt ungefährdet neben dem anderen bestehe«, und als äußerste Konsequenz: »daß er als Kleinod gehütet werde, wie jeder Mensch ein Kleinod für alle anderen Menschen ist«. Das außerordentliche Individuum mit seinen Leidenschaften wäre hier der Einbruch der Katastrophe. Stifter dementiert, was fast aller großen Literatur zugrunde lag: das Privileg des großen, leidenschaftlichen Menschen, das Primat des Dramatischen, Interessanten, Wichtigen, Außerordentlichen, den Vorrang des Konflikts vor der Ruhe. Wenn Napoleon auf vollkommen gleichem Range steht wie der kleinste Infanterist, dann war die Weltgeschichte ganz und gar, in jedem einzelnen ihrer Augenblicke, eine einzige Katastrophe, und nichts, auch nicht der humanistischste Impuls, könnte geschichtliches Handeln rechtfertigen. Nur in einer großen gemeinsamen Andacht, in einer allumfassenden Kontemplation wäre dieses Grundgesetz von Geschichte und Gesellschaft zu sprengen. Es liegt in der zwingenden

Konsequenz des »sanften Gesetzes«, daß es nun den Sprung über die Grenzen des Anthropozentrischen wagen muß. Das Gesetz, »das will, daß jeder geachtet geehrt ungefährdet neben dem anderen bestehe«, könnte nicht dauern, würden es die Menschen nur egoistisch auf sich selber beziehen, würden sie es nicht ausdehnen auf Tier- und Pflanzenwelt, ja auf das Reich des Mineralischen, Unbelebten im Ganzen. Stifter ist der erste Erzähler, der imstande ist, Menschliches und Nichtmenschliches auf gleichem Range zu behandeln; die ungeheuren Seiten am Beginn des *Waldgängers* sind nur ein Beispiel für den ersten Entwurf einer Welt ohne Menschen. Der wahre Weg würde den Menschen zur schmerzlosen Einsicht in die vollkommene Gleichrangigkeit alles Seienden führen, und diese Einsicht würde in der allumfassenden Harmonie sogar wiederum seine eigene Existenz rechtfertigen. »So ist dieses Gesetz, so wie das der Natur das welterhaltende ist, das menschenerhaltende.« Ein grandioserer Satz ist selten geschrieben worden, und einen größeren Anspruch hat kaum ein Dichter je erhoben. Naturverfallenheit und ewige Vergängnis sollen aufgehoben sein in einer Versöhnung, die alles abwirft, was den Gang der Weltgeschichte bisher bestimmt hat.

Daß die Welt nicht nach dem »sanften Gesetz« eingerichtet ist, hat Stifter gewußt; ob er wahrhaftig glaubte, die »Bildung« und das »Wort, dieser ›sanfte Ölzweig‹« könnten sein Gesetz in Kraft setzen, läßt sich nicht entscheiden. Ein einziges Mal in seinem Leben hat er seine tiefsten Überzeugungen niedergeschrieben, doch geschah dies in der Vorrede zu einem Buch, das seine eigene Aussage dementiert. Das Verhältnis der *Bunten Steine* zum »sanften Gesetz« ist prekär. Die Dialektik des Kleinen und Großen ist hier ganz und gar verlegt ins Sujet, in die Geschichten von unauffälligen, unbedeutenden Menschen; die Geschichten selber: die Pest in *Granit*, der Hagelschlag in *Katzensilber*, das autistische Mädchen in *Turmalin*, die Geschichten selber sind eher Modellerzählungen für das, was geschieht, wenn der Mensch das »sanfte Gesetz« mißachtet. Einzig die spirituelle Leere im Augenblick der Meditation des armen Pfarrers dem furchtbaren Gewitter gegenüber kann verstanden werden als Teil der großen Andacht. Doch auch hier tut die Natur nicht, was sie soll, und sie ist alles andere als sanft und versöhnt, und jede Versöhnung wäre Unterwerfung. Der Pfarrer im Kar lebt den metaphysischen Riß, der durch Stifters Denken geht, denn eine einzige Möglichkeit gäbe es, die zerstörerische Natur nicht mehr als zerstörerisch zu empfinden: das restlose Aufgeben der menschlichen Perspektive. Daß dieses Aufgeben aber dem Menschen unmöglich ist, zeigt der innere Widerspruch der *Bunten Steine* selbst: Heißt es angesichts des großen, aus einem milden Wolkenschleier hervorbrechenden Gewitters in *Kalkstein*: »Das Zarteste das Weicheste der Natur ist es, wodurch ein solcher Aufruhr veranlaßt wird«, so ist es in *Katzensilber* gerade das Nachgiebige, Organische, was vor diesem Aufruhr, sind es die Reisigbündel, was vor den faustgroßen Hageln schützt: »Nur weiche Dinge widerstanden.«

Die wahre Verkörperung des »sanften Gesetzes« sind nicht die *Bunten Steine*, es ist der *Nachsommer*, und hier, in seiner geheilten Gegenwartswelt, zeigt sich, daß Stifters Vision nur als ästhetisches Phänomen zu verwirklichen war, daß nur die Überzeugungskraft der sprachlichen, künstlerischen Gestaltung die Utopie gerade noch als möglich erscheinen ließ. In der realen Welt sah es anders aus. In seinem letzten Winter erlebte Stifter jenen großen, drei volle Tage währenden Schneesturm, dessen entsetzlichen Eindruck er in *Aus dem bairischen Walde*, seinem letzten vollendeten Werk, durchs Erzählen zu bannen suchte: »Ich konnte nichts thun, als immer in das Wirrsal schauen. Das war kein Schneien wie sonst, kein Flockenwerfen, nicht eine einzige Flocke war zu sehen, sondern wie wenn Mehl von dem Himmel geleert würde, strömte ein weißer Fall nieder, er strömte aber auch wieder gerade empor, er strömte von links gegen rechts, von rechts gegen links, von allen Seiten gegen alle Seiten, und dieses Flimmern und Flirren und Wirbeln dauerte fort und fort und fort, wie Stunde an Stunde verrann. Und wenn man von dem Fenster weg ging, sah man es im Geiste, und man ging lieber wieder zum Fenster.« Der Dichter unterliegt dem leeren Nichts: »Was anfangs furchtbar und großartig erhaben gewesen war, zeigte sich jetzt anders, es war nur mehr furchtbar. Ein Bangen kam in die Seele. Die Starrheit des Wirbelns wirkte fast sinnbestrickend, und man konnte dem Zauber nicht entrinnen.« Der die Welt in weißes Wirbeln auflösende Schnee ist Stifters letztes Wort. Im formlosen Weiß, in der gestaltlosen Leere sieht er das »sanfte Gesetz« verschwinden. Der Riß, der den Menschen trennt von der gewaltigen Natur, war nicht zu heilen, und die Naturverfallenheit, die seine andere Seite ist, nicht aufzulösen. Der Riß in Stifters Werk geht quer durch das »sanfte Gesetz«, und zwar an der Stelle, wo dämonischer Zauber die reine Natur entstellt.

VIII. *Schweigen*

Gewicht wie Gefährdung von Stifters Dichtertum liegen in seinem Verhältnis zur Epoche, zum kleinen Schrecken der Welt des Biedermeier. Daran, daß man glaubt, in Spitzwegs »Kaktusfreund« den behäbigen Dichter mit seiner Pflanzensammlung zu erkennen, ist abzulesen, woher der mißliche Aspekt des Stifterschen Werkes rührt; zu oft droht es abzugleiten in eine Sphäre engstirniger Erbaulichkeit, selbstzufriedener Bescheidenheit. Zum anderen aber, und dies ist das entgegengesetzte Extrem seines Schwankens, gestaltet er die düstere, katastrophische Seite dieser vermeintlich so heilen Kleinwelt. Nie setzt die Verniedlichung, Verklärung der Verhältnisse sich vollständig durch. Die Dialektik von Stifters Werk ist die, daß Angst und latenter Wahnsinn da endgültig zum Durchbruch kommen, wo äußerlich die ihnen entgegengesetzten Kräfte vorherrschen, wo Ordnung, Konstruktion und Vernunft das Chaos und die Leidenschaft bezwungen zu haben scheinen. Im Spätwerk, da der Dichter glaubt, seine Intention der reinen dichterischen Form entschieden verwirklicht zu haben, da liegt der Gehalt von Wahn und Grauen offen zutage wie nirgends sonst. Mit seinen letzten Erzählungen hat Stifter die betuliche Welt des Biedermeier endgültig verlassen und sich auf den Weg zu den Prosaformen der Moderne gemacht. Auch der Nachsommer ist vergangen. Doch die Züge, die hier offenbar werden, sind bereits im Frühwerk angelegt. Schon in den ersten Erzählungen ist die Rede, mit der sich die Menschen einander nähern, frei von einem Element: dem der emotionalen Bewegtheit. Diese legt der Dichter in eine andere Sphäre als die des Dialogs, und darin begründet sich aufs Tiefste sein Wesen als Erzähler. Stifter fehlt nicht nur die Praxis des Dramatikers; er konnte auch keiner sein, weil er die Erfahrung der Sprachlosigkeit kennt, die mit den dramatischen Mitteln seiner Zeit noch nicht zu gestalten war. Er, der auf die rettende Kraft des bloßen Wortes vertraute, dem »jeder Mißstand, jedes Übel« weichen werde, bildete immer wieder den Augenblick der versagenden Sprache. Diese Erfahrung schlägt sich doppelt nieder sowohl in der Sprache des Erzählers wie in der der Gestalten seiner Dichtung.

Der *Hagestolz* beginnt, wie so viele der Erzählungen, mit einer breiten Exposition. Mit reichen dichterischen Mitteln in Beschreibung und Bericht folgt der Autor dem jungen Victor vom heimatlichen Hause bis hin zu jener verborgenen Insel, auf der in verlorener Einsamkeit der Oheim haust, der ihn rief. Noch die Darstellung des Lebens auf der Insel, der Gefangenschaft Victors, des Zerwürfnisses mit dem Oheim trägt den Charakter der Einleitung, des Vorläufigen, Hinführenden. Der Dichter ergeht sich in Details, in landschaftlichen Einzelheiten, den stetigen Ablauf der Dinge beschreibend. Es gibt Erzählungen Stifters, die in dieser Vorläufigkeit verbleiben, die, so *Bergmilch* oder *Turmalin*, zu einem Zentrum der Handlung nicht finden. Anders der *Hagestolz*; hier gibt es den Augenblick der Wahrheit, das Umschlagen des Erzählflusses in Erkennen, des Lebens in das Jetzt der Katastrophe. »Der Greis saß gerade so, daß die Blitze in sein Antlitz leuchteten, und manchmal war es in dem dämmrigen Zimmer, als ob das Feuer durch die grauen Haare des Mannes flösse, und ein rieselndes Licht über seine verwitterten Züge ginge. War dem Jünglinge früher das inhaltslose Schweigen und die tote Gleichgültigkeit an dem Manne öde und bekümmernd gewesen, so war er nun durch diese Aufregung um so ergriffener. [...] ›Siehst du, wie du das alte Weib liebst‹, sagte der Oheim, ›ich habe es immer gedacht!‹ – ›Wenn ihr jemanden liebtet, so würde euch wieder jemand lieben‹, antwortete Victor. – ›Dich hätte ich geliebt‹, schrie der Greis heraus, daß Victor fast erzitterte. Es war einige Augenblicke Stille.« Diese Szene enthält alle Angst und Verzweiflung des Menschen Stifter, und zusammengefaßt die ganze Motivation des Schriftstellers: die Sehnsucht und die Versagung, die Reue und die Vergeblichkeit, das Verstummen und den Ausbruch des Entsetzens. In dem Konditionalis »Dich hätte ich geliebt« liegt die ganze dialektische Kunst der Stifterschen Sprache, denn obwohl kaum etwas wirklich Zentrales in ihm gesagt ist, enthält er den ganzen Sinn dessen, was diese Erzählung ist. Er ist keine Konfession des Oheims und gibt doch die ganze Wahrheit seines verlorenen Lebens kund. Die Wucht des Satzes entstammt dem Schweigen der Worte, die ihn umgeben. Wirklich ausgesprochen wird die Verzweiflung von diesen Menschen indessen nie. Schon im *Hagestolz* zeichnet sich ab, was im Spätwerk vollends zum tragenden Gestaltungsprinzip wird: daß nämlich das Wesentliche des Gehaltes seinen Ausdruck nicht mehr im manifesten Vordergrund des Erzählten, vielmehr in den konstruktiven Konfigurationen des Sprachlichen findet. So sehr ist Stifter ein Künstler der Sprache, daß er es sich versagt, das Wesentliche unmittelbar auszusprechen, um es im kargen Gerüst der Worte aufscheinen zu lassen. Nirgends wird dies deutlicher als in der letzten Erzählung *Der fromme Spruch*. Noch im *Nachsommer* herrscht ein Gleichgewicht von Reden und Schweigen, das seine Basis hat in der Konstruktion einer konfliktfreien Welt. Die Menschen wissen um das, was sie nicht aussprechen, und sie wissen, daß der andere es weiß: Die große Konfession Risachs kommt spät, aber sie kommt, und Drendorf, der zu warten versteht, konnte sicher sein, daß sie kommen werde. Im Moment des Beschweigens allseits gewußter Dinge findet die Solidarität der Menschen untereinander ihren letzten Ausdruck. Nicht jedoch in wortreicher Gebärde; die Male des vergangenen Lebens, Trauer, Enttäuschung, Reue, liegen im Mittelpunkt der sich bildenden Lebenskreise im Schweigen verschlossen. Noch aber ist das Schweigen nicht Verschweigen, sondern gemeinsame Haltung dem Unaussprechlichen gegenüber. Im *Frommen Spruch* ist dieses Gleichgewicht aufgehoben, das Verschweigen hat auf das gesamte Leben übergegriffen, bestimmt die Beziehungen der Menschen zueinander ganz. Auch sie wissen davon, doch gibt es keine Hoffnung mehr auf Lösung; jeder ist nur noch einsames Subjekt, und geblieben sind nur noch rudimentäre Reste von Gespräch, fast schon gänzlich formalisierter Ritus. Doch schlägt diese Sprachlosigkeit um zu höchster Ausdrucksqualität in jenem Augenblick, als die gealterten Geschwister, die von Neffe und Nichte sich erotisch begehrt wähnten, ihre Täuschung erkennen müssen und als nun in diesem Selbstbetrug ihr inneres Wünschen und ihre Einsamkeit ganz offen und bloß liegen. Keinem von beiden ist die Sprache gegeben, der Erschütterung, die an das Fundament ihrer Existenz rührt, Ausdruck zu verleihen, und auch der Dichter, fern jeder psychologischen Deutung, hält sich an den Bericht des Faktischen. »Als die Geschwister in dem Saale allein waren, sagten sie eine Weile gar nichts. – Dann rief die Tante: ›Dietwin, Dietwin, Dietwin!‹ – Der Oheim sprach: ›Das ist nun freilich anders, als wir gedacht haben, wir müssen es hinnehmen, daß wir gedacht haben, was wir gedacht haben.‹ – ›Ja wohl müssen wir es hinnehmen‹, sagte die Tante. – ›Meine liebe Schwester Gerlint‹, sagte der Oheim, ›nun müssen wir eine große Sorgfalt anwenden, daß niemand erfahre, welche Gedanken wir gehabt haben.‹ – ›Ich werde sie niemanden offenbaren‹, sagte die Tante. – ›Ich auch nicht‹, antwortete der Oheim, ›wenn nur nicht jemand durch Ahnungen, Deutungen und dergleichen darauf kömmt.‹ – ›Das wagt niemand zu denken‹, sagte die Tante.« Denen, die sprachlos gebannt sind in die Vereinzelung ihrer monadischen Existenz, erscheint als einzig mögliche Hoffnung nicht das Zusammenfinden im Bewußtsein der Enttäuschung und Verzweiflung, als vielmehr die bloße Rücknahme von deren Offenlegung ins Verschweigen, und die Hilfe im Verschweigen durch eine gesellschaftliche Konvention, die weiß, daß nicht sein kann, was nicht sein darf. Das Ausgesprochene im *Frommen Spruch* ist das Belanglose, und Stifters große Kunst ist die, es zu erzählen, um das Verschwiegene sichtbar zu machen.

Die dichterische Sprache hat den Zugang zu dem sinnkonstituierenden Bereich des Lebens, von dem sie berichtet, verloren, und es bleibt ihr nichts, als sich an das äußere Gerüst des Lebens zu halten. Der *Nachsommer* und *Witiko* sind die letzten Versuche, eine sinnvolle Einheit des Lebens in der Sphäre einer inhaltlichen Erfülltheit zu stiften; Der *Nachsommer*, indem er auf die Tradition des Bildungsromans zurückgreift, *Witiko*, indem er die geschichtliche Dimension als Weg zu einer vernünftigen Totalität zu begreifen sucht. Die sprachliche Gestalt aber zeigt den Preis: das Scheitern. Die Erzählhaltung des späten Stifter neigt sich zur pedantischen Registratur von Einzelheiten; sie ist der Versuch, in der sinnzersprengten Welt Sinn wenigstens in der Vollständigkeit der chronologischen Abfolge zu retten: »Es ging einen langen Berg hinan, dann eben, dann einen Berg hinab, eine Lehne empor, eine Lehne hinunter, ein Wäldchen hinein, ein Wäldchen hinaus, bis es beinahe Mittag geworden war.« Wo die Welt, wo das Leben in Atome zu zerfallen droht, da darf keine Sekunde fehlen, welche den einen Augenblick an den anderen heftet. Die Idolatrie der Dinge und Details im *Nachsommer* dementiert dessen ausdrückliche Lehre: daß nämlich der Bildungsgang eines Menschen nicht nur eine bloß faktische, biographische, sondern eine objektiv sinnvolle Einheit zu stiften vermag. Der Preis des vergeblichen Versuches ist seine Sterilität, seine Realitätsferne; das Medium, in dem einzig diese Welt noch existiert, ist die Sprache. Um eines letzten Bezugs zur Wirklichkeit willen klammert sie sich an Dinge, Fakten, Handlungen. Wo die Sphäre des Sinnes keinen Bezug mehr zur Sprache hat, wo der chronologische Zusammenhang zum einzigen Sinn wird, da nähert sich die Sprache selbst der Dinghaftigkeit. Die Realität der Dinge soll übergehen in eine Realität der Sprache. Die Statik des späten Stifter stammt daher, daß er vom Visuellen sich abkehrt und zu einer reinen Gestaltung des Sprachlichen findet; daß er Gehalt und Formung zu Einem zusammenzufügen trachtet, wodurch sie krasser auseinandergerissen sind als je zuvor. Form und Intention, Schweigen und Sprache stehen wie Blöcke einander gegenüber in unaufhebbarer Trennung. Der Einkleidung, der breiten Schilderungen der früheren Werke entblößt, bleibt vom Leben ein Gerüst und die Angst vor dem in jedem Augenblick möglichen Zerbrechen.

Die statische Sprache tendiert zum Ritual. Gespräch und Handeln im *Frommen Spruch* gewinnen ihren Sinn für die Menschen selber nur in ihrer rituellen Formalisierung. Ausführlich und immer wieder sind die Zeremonien von Begrüßung, gegenseitiger Aufwartung und Zusammenkunft beschrieben, die unter Verwandten im gleichen Hause nahezu grotesk erscheinen. Aber dieser Ritus ist es, der in seiner mythischen Dimension jenen Sinn stiftet, dessen das bloße Leben ermangelt; geschaffen und bewahrt ist wiederum die Verbindung mit den abgeschiedenen Vorfahren, wie es in der Institution des Friedenskusses von Sentze geradezu ausgesprochen ist. Am Ende nimmt das Leben nicht das Ritual in Dienst, am Ende wird es selbst zum Ritual, zu einem magischen Mechanismus, der die unwägbaren Gewalten, die in ihm lauern, bannen soll. Wesentlich ist der Praxis der Rituale die Wiederholung, und Wiederholung wird mehr und mehr zum bestimmenden Stilprinzip in Stifters Werk. Auf den tausend Seiten des *Nachsommer* entfaltet sich immer wieder ein Gleichmaß derselben Motive von Ankunft, Gespräch und Abfahrt, von Aufenthalten im Gebirge und in der Heimat, immer und immer wieder wird der Pflanzenzucht und der Naturforschungen Erwähnung getan, der kunstsinnigen Gespräche und der geregelten Mahlzeiten. In der erstarrten Sprache der Ausdruckslosigkeit wird das doppelte Aussprechen ein und desselben Satzes zum Ausdruck von Erschütterung: »›Die Herzogin Adelheid ist gestorben‹, rief Witiko, indem er von seinem Stuhle aufsprang, ›die Herzogin Adelheid ist gestorben.«‹ Die kleine Parabel *Der späte Pfennig* hat die identische Wiederholung ein und derselben Geschichte zum Formprinzip, und die Offenheit des Satzes, mit der sie anhebt: »Und es traten ihrer Etliche zusammen, und sagten: ›So lasset uns ein Werk gründen, welches fruchte für alle künftigen Tage und Jahre‹«, legt nahe, die endlose Regelmäßigkeit auch in grauer Vorzeit zu vermuten. Die Lehre des magischen Ritus ist, daß die angstvolle Welt der chaotischen Bewegung keine Wirklichkeit hat, daß es in Wahrheit Veränderung nicht gibt. Das ganze Bestreben des späten Stifter ist, Bewegung und Prozeß aus dem Weltgebäude zu verweisen; es gibt keine Veränderung hin zu Neuem, alles, was geschieht, war schon zu allem Anfang da. Der Bildungsgang Drendorfs führt nur zu einer Wiedergeburt der Existenz seines Gastfreundes und Lehrers Risach; im *Frommen Spruch* und im *Kuß von Sentze* wird nur das Realität, was von allem Anbeginn an dazu bestimmt war. »Die Ehen werden in dem Himmel geschlossen« – der Satz besagt nun auch, daß kein Abweichen möglich ist von dem, was ohnehin schon immer ist. Der Fatalismus Stifters nähert sich dem Mythos vom immergleichen Sein. Hier findet auch eine Verfahrensweise des Dichters ihre Erklärung, einmal geschaffene Werke in späteren Jahren erheblich und zum Teil mehrfach zu überarbeiten. Das biographische Motiv eines unstillbaren Perfektionswillens reicht als Motiv da nicht hin. Nein, Stifter sucht den Niederschlag seines eigenen sich verändernden Lebens aus dem Werk zu tilgen; es soll keine Entwicklung geben, sondern nur das stabile Korpus der einen umfassend gültigen Lebensleistung. Als ein einziges Spätwerk wollte der Autor seine Schriften hinterlassen. Etwas in seinem tiefsten Wesen drängt von Anbeginn zu diesem Wunsche; unausdenkbar etwa, daß der Goethe der *Wanderjahre* darangegangen wäre, den *Werther* im Sinne des späten Romans umzuschreiben. In Stifters Schaffen hingegen ist die Statik so sehr wesentlicher Charakterzug, daß eine Homogenisierung im Sinne nur eines späten Stils zwar wesentliche Züge des Frühwerkes tilgt, nicht aber, wie bei Goethe, ein ganz und gar neues Buch verlangte. Obwohl das Unterfangen im Ganzen keineswegs konsequent und einheitlich durchgeführt und noch immer ein Entwicklungsgang nachzuvollziehen ist, muß es in der Literatur als nahezu einzigartig gelten; eine aufschlußreiche Parallele gibt es im Œuvre Anton Bruckners, der immer wieder die an der Komposition seiner späten Symphonien gemachten Erfahrungen in die frühen überarbeitend integrierte. Statik und Bewegungslosigkeit sind jenseits bloß geschmacklicher Vorlieben. Die Idylle, der Wunsch nach dem konfliktfreien Leben, schlägt um in eine gewaltige Apotheose des regungslosen Seins. Der späte Stifter ist fern jeder Psychologie, also der Lehre von den subjektiven, handlungsbestimmenden, auch irrationalen Kräften im Inneren des Menschen, welche einen Stillstand nicht erlauben. Kaum eine andere Romanfigur gibt es, die so weit von jeder seelischen Bewegtheit, von jeder persönlichen Entwicklung entfernt ist wie der junge Witiko; das Handeln im *Kuß von Sentze* wird nicht mehr durch menschliches Wollen bestimmt, sondern durch die Abstraktion eines überlieferten Sinnspruchs. Die erstarrte Sprache spricht von nichts anderem mehr als den jetzt wahnhaft zitternden Obsessionen, die der alte Stifter nicht mehr zu kontrollieren weiß. »Diese fürchterliche Wendung der Dinge«, mit der ihm jeder Augenblick zu drohen scheint, ist nur noch dort zu bannen, wo überhaupt keine Wendung, keine Bewegung mehr denkbar ist. Nur wo das Leben zu Stein wird, ist es vom

Tode erlöst. Noch kurz bevor er sich mit dem Rasiermesser den Hals durchschneidet, tilgt Stifter in der unvollendeten *Letzten Mappe* den Selbstmordversuch des Doktors Augustinus. Die Wirklichkeit dementiert die Lösung im Kristallpalast der späten Prosa, doch was dem wirklichen Menschen letzte Rettung ist, darf im dichterischen Wort nicht einmal ferne Möglichkeit noch sein.

IX. *Reue*

Stifters Epoche war eine von starker geschichtlicher Bewegung; die großen Fortschritte in der Entfaltung der Produktivkräfte verlangten nach einer Umgestaltung auch der gesellschaftlichen und politischen Verhältnisse. In der Revolution von 1848 suchte sich das Bürgertum die politische Stellung zu erobern, die ihm seiner gesellschaftlichen Bedeutung nach längst zukam. Die Revolution schlug fehl, der Riß zwischen technischer, materieller Entwicklung und sozialer Ordnung wurde breiter als zuvor, der Bewegung hin zum bürgerlichen Kapitalismus stand die Restauration der feudalen Privilegien gegenüber. Die nachrevolutionäre Periode der Enttäuschung war weithin davon geprägt, das Scheitern der Hoffnungen ideologisch zu begründen: Entsagung wurde zu ihrem Leitbild. Stifter hat die Epoche und ihren Zwiespalt bewußt erlebt, doch seine prekäre Lage – als Bürger hat er Teil an der revolutionären Hoffnung, als Beamter identifiziert er sich mit seinem Staate – hindert ihn daran, klar auf die eine oder andere Seite sich zu stellen; er glaubt, Resignation und Hoffnung miteinander versöhnen zu können. Seine nach 1848 entstandenen Schriften verstand der Autor ausdrücklich als Reaktion auf das Geschehene, denn er wußte, »daß Dichtungen in jetziger Zeit ganz andere Motive bringen müssen, wenn sie hinreißen sollen, als vor den Märztagen«. Sein gespaltenes Verhältnis zur gesellschaftlichen Wirklichkeit erweist sich allerdings daran, daß er bereits im September 1848 einen »historischen Roman der Ottokarszeit« als adäquate Antwort auf die Konflikte der Zeit ansah. Er spürt, daß sein Gegenentwurf zur zeitgenössischen Wirklichkeit nicht mehr in einem realistischen Ambiente der Epoche zu realisieren ist, was schon der *Nachsommer* zeigt, dessen Mikrokosmos zwar äußerlich im neunzehnten Jahrhundert angesiedelt ist, in seiner Substanz jedoch von ihm durch Welten geschieden. Schon ökonomisch ist Heinrich Drendorf im Niemandsland: Reich muß er sein, um unabhängig und jedem äußeren Zwang enthoben seinen konfliktfreien und idealen Bildungsweg gehen zu können. Doch Stifter weiß, daß die wohlhabenden Stände der Epoche, der Adel und das städtische Bürgertum, nicht mehr imstande sind, den Gehalt dieses Weltentwurfes zu tragen. So kann der junge Drendorf nicht begüterter Kaufmann sein, sondern nur Sohn eines solchen; nicht schaffender Herr eines Vermögens, sondern als Erbe sein freier Nutznießer.

Die weltabgewandte Idylle ist Sinnbild sowohl von Hoffnung wie von Resignation des Zeitalters. In ihrer Beschränktheit auf den familiären Bereich zeigt sie an, daß die gesamtgesellschaftliche Sphäre kein Träger politischer Zuversicht mehr ist; ihr Charakter als gesellschaftlicher Gegenentwurf indes bezeugt, wohin die Hoffnungen auf Fortschritt sich geflüchtet haben. Der *Nachsommer* nämlich ist nicht nur Dokument des Rückzuges aus einer als unerträglich empfundenen Gegenwart, er ist ebenso Lehrfibel vom richtigen Leben, und darin Utopie im strengen Sinne. Das Rosenhaus und der Sternenhof sind Beispiele einer allseits versöhnten Wirklichkeit; sie offenbaren Stifters Vision vom friedlichen Umgang der Menschen miteinander, von der Gestaltung ihrer alltäglichen Lebenswelt, von ihrem gewaltlosen Verhältnis zu den Dingen, der Kunst und der Natur. In der Epoche der großen Industrialisierung, da der Mensch entschieden der alten Aufforderung Folge leistet, die Erde sich untertan zu machen, entwirft Stifter das Bild einer friedvollen Indienstnahme der Natur, die dieser keinen Zwang antut. Die Pflanzenzucht, die Gartengestaltung, das Anlegen von Plätzen auch für die freilebenden Tiere, all dies wirkt hoffnungslos antiquiert als Entwurf für gesellschaftliche Aneignung im neunzehnten Jahrhundert – und zugleich wie die humanste utopische Hoffnung. Da in den Städten unter verschärften Klassengegensätzen sich das Proletariat bildet, trauert Stifter, »daß die alte Sitte abgekommen ist, daß der Herr des Hauses zugleich mit den Seinigen und seinem Gesinde beim Mahle sitzt [...,] denen der Herr ein zuverlässiger Freund ist«. Auch hier liegen auf engstem Raume geradezu rührender Anachronismus und höchstes Pathos der humanen Gerechtigkeit beieinander. Noch die Momente von Ordnung und Höflichkeit, die immer wieder zu kleinbürgerlichen Affekten absinken wollen, bekommen in diesem Gleichklang der allseitigen Harmonie den Glanz des Utopischen, da sie umgedeutet werden in Riten der Respektierung sei es der anderen Menschen, sei es der Tier- und Dingwelt. »Magnus ille est, qui fictilibus sic utitur quemadmodum argento, nec ille minor est, qui sic argento utitur quemadmodum fictilibus« – die Lehre des Seneca ist, daß Größe nicht entweder im einen oder im anderen liegt, sondern in der Fähigkeit, das paradoxe Gleichgewicht zu halten. Dinge, Natur und Menschen nicht zu beherrschen, sich von ihnen auch nicht beherrschen zu lassen, dies ist das Gleichgewicht, in das Stifter seine Utopie vom richtigen Leben zu stellen sucht. Daß es allerdings utopischer Entwurf ist und keine beschriebene Wirklichkeit, beweist nichts so deutlich wie die Konsequenz, mit der der Dichter alles aus dem Bildnis tilgt, was die Ausgewogenheit zu stören vermöchte. Das richtige Leben ist nur da, wo die Konflikte der widersprüchlichen Wirklichkeit künstlich eliminiert werden.

Ernst Bloch hat die Utopie rehabilitiert, hat sie vom Odium befreit, nichts zu sein als beliebiges, unrealisierbares Fabulieren von Luftschlössern. Das utopische ist ein Denken, welches sich nicht unterdrücken läßt durch die Sachzwänge des Machbaren, welches den Blick sich bewahrt für das, was über die Forderung des Tages hinaus überhaupt gewollt ist; die Utopie steht im Zeichen des Erwartungsaffekts Hoffnung. Um aber wirklich konkrete Utopie sein zu können, muß etwas in der Wirklichkeit ihr entgegenkommen, muß die Hoffnung Stoff und Grund haben in der greifbaren, materiellen Welt. Stifters Utopie ist eine in hoffnungsloser Zeit; in einer Zeit, deren Signum gerade die Vernichtung aller gesellschaftlichen Erwartung und Zuversicht, die Befestigung des zu Überwindenden ist. Stifter sucht die Utopie zu bewahren, wo die Zukunft, ihr eigentlicher Ort, nur die Enttäuschung kennt. Er ist der Dichter der rückwärtsgewandten Utopie. Sein Bild vom richtigen Leben entwirft er im Kleide der Vergangenheit, weil die Zukunft nur noch Restauration des Faktischen ist. Nicht scharf genug zu scheiden ist die rückwärtsgewandte Utopie von aller apologetischen Beschönigung eines vermeintlich goldenen Zeitalters, von jener intellektuellen Bequemlichkeit, die nur dem Märchen von der guten alten Zeit metaphysischen Aufputz verleiht; wo auch bei Stifter solches durchbricht, wird er zum affirmativen Reaktionär. Die rückwärtsgewandte Utopie gibt nicht ein geschöntes Gemälde vergangener Zeiten als Vorbild der kommenden aus; die Vergangenheit, die sie meint, ist nicht eine einstmals gewesene Gegenwart. Sie beschwört eine Vergangenheit, die nie Wirklichkeit war, als sei sie die utopische Hoffnung auf eine ganz andere Zukunft, als löse sich in ihrem Bilde das Versprechen eines richtigen Lebens ein, das die Gegenwart versagt. Früheres und Künftiges sind verschränkt in der utopischen Realität des Einen und Wahren, das das Hier und Jetzt zum richtigen machen würde. Die rückwärtsgewandte Utopie scheut sich nicht vor dem Paradoxon, daß sie ihren Ort hat in der Zeitform, die durch ihre Gewesenheit jeder Veränderung entzogen ist, dem Ziel allen utopischen Denkens. Sie entwirft das Bild des richtigen Lebens als bereits gelebt; wo die Hoffnung in der Zukunft ortlos wurde, da findet sie im erloschenen Gestern ihr letztes Refugium: das Bild der Möglichkeit, es hätte auch ganz anders kommen können. Unter dem Blick der hoffnungslosen Gegenwart gibt jeder Moment der versunkenen Zeit das utopische Zeichen preis, das ihm einmal anhaftete. Die Höflichkeit und der Respekt vor dem Tiere, die Ordnung der Dinge und die Anerkennung einer eigenen Würde der natürlichen Welt, jede Einzelheit lehrt, daß es keinen einzigen Augenblick gab, der nicht die Möglichkeit des richtigen, des rettenden Lebens in sich trug. Doch diese Lehre ist eine um den Preis der Zukunft, und daher ist das Bild der Versöhnung der Nachsommer, die Epoche des Menschenlebens, die dem Gealterten nur noch wenig Zukunft mehr gibt und die fast das ganze Leben schon zu Vergangenheit gemacht hat. Des Dichters Ende zeigt, wie wenig realistisch er träumte.

Bedingen Utopie und Hoffnung einander, so ist der dem rückwärtsgewandten Blick komplementäre Affekt die Reue. Für die Hoffnung ist alle Zukunft veränderbar, die Reue beklagt die vertanen Möglichkeiten von einst. Mehrfach und in großen Bildern hat Stifter die Reue gestaltet, und nur in jener Binnenerzählung des *Nachsommers*, da Risach von seiner frühen und verlorenen Liebe zu Mathilde spricht, ist etwas wie lösende Versöhnlichkeit darübergebreitet, die doch auch hier nicht ganz gelingt. Auch das nachsommerlich eingeschränkte Glück tilgt nicht den Verlust des ganzen. Ungestillt und unstillbar aber ist die Verzweiflung des Hagestolz, den in seiner Inseleinsamkeit nur noch »leere Luft und der vergebliche Sonnenschein« umgeben. Die Reue um ein vertanes Leben zerfrißt des Menschen Herz und zerfrißt ihm die lebendige Natur, in der er schon beinahe nicht mehr lebt: »Er saß ganz einsam auf seiner Insel; denn wie er einmal selber gesagt hatte, es war alles, alles zu spät, und was versäumt war, war nicht nachzuholen.« Was bleibt von dieser Erzählung, einer der größten in Stifters Werk, ist nicht das glückliche Ende des jungen Paares, es ist dieses unvergeßliche Bild. Unmöglich ist es, in einem solchen Abgrund der Hoffnungslosigkeit zu verharren, und so steht denn der Hagestolz in seiner Verzweiflung durchaus einzigartig da. Schon der *Waldgänger* trachtet, seiner Reue in einer ruhigen Resignation des Alters zu begegnen, und so auch der Dichter selbst. Jene »Zartheit, die oft einsamen Menschen eigen wird«, ist auch die seine. Der verwaiste Waldgänger hat das Glück einmal gekannt, dem seine trauernde Reue gilt, hat die Ehe um sinnloser, absurder Räsonnements willen gelöst, diese Ehe, die sein und seiner Gattin einzig großer Segen war; dem Hagestolz dagegen war das ganze Leben Einsamkeit und vertan. Und doch wird am Ende alles Eines; Schrei der Verzweiflung oder stille Resignation, gegenüber der Unwandelbarkeit, der Endgültigkeit jeden Verlustes wird die subjektive Äußerung der Reue gleichgültig. Wem die Wahrheit des Lebens in der Vergangenheit liegt, dem wird das Bewußtsein »es war alles zu spät« zur alleinigen Wahrheit des seinen; die Utopie von der vergangenen Möglichkeit des richtigen Lebens ist begleitet von der endlosen Klage, daß diese nicht zur Wirklichkeit wurde. Der Waldgänger sucht seinen Trost an manchem Ort, er hatte eigene Kinder und noch im hohen Alter nimmt er den Sohn eines Hegers wie seinen eigenen an, doch das Vergangene ist unberührt in seiner schrecklichen Wirklichkeit, keine Zukunftshoffnung, und würde sie auch strahlende Gegenwart, vermöchte je das zu beseitigen, was einmal an Schmerz gewesen ist. Der Bann des Verloschenen hindert jedes künftige Glück. Jenes Kafka zugeschriebene Wort, es gebe unendliche Hoffnung, doch nicht für uns, die Menschen, erfüllt sich im Stifterschen Werk. Die Vergangenheit macht die Zukunft unmöglich; die Geschichte ist der Grabstein auf den Hoffnungen der Menschen.

X. *Form*

In den späten *Parerga und Paralipomena* spricht Arthur Schopenhauer vom rechten Umgange mit der Zeit: »Viele leben zu sehr in der Gegenwart: die Leichtsinnigen; – Andere zu sehr in der Zukunft: die Aengstlichen und Besorglichen. Selten wird Einer genau das richtige Maaß halten.« Dem richtige Maße gilt auch das Streben Stifters, doch seine Antwort ist eine andere als die des Philosophen. »Die Gegenwart allein ist wahr und wirklich: sie ist die real erfüllte Zeit, und ausschließlich in ihr liegt unser Daseyn«, diese Folgerung Schopenhauers umfaßt bereits alle Widersprüche des modernen Zeitbewußtseins. Zum einen ist sie Kritik an der Versagung und ihrer Beschönigung, soweit auch heute noch wahr. Zum anderen aber kündigt sich bereits die Immergleichheit der modernen Gegenwart an; das Motto »Leb Jetzt« ist seitdem völlig zur Reklame verkommen, zur Erstickung jeglicher Besinnung. Es kann nicht mehr gewartet werden. Stifter zeigt hier das strikte Gegenteil, zeigt Menschen, denen die Parole »Zeit ist Geld« noch nicht Richtschnur ihres Handelns ist. Bei ihm ist es noch möglich, und dies ist rückwärtsgewandte Utopie im strengen Sinne, daß Menschen das, was sie nicht nur erstreben, sondern auch etwa bereits gewonnen haben, nicht sofort sich zueignen, vielmehr auf einen fernen Punkt der Zukunft zu setzen vermögen. Der Augenblick, da Heinrich und Natalie in der

Brunnengrotte einander ihre Liebe offenbaren, bedeutet nicht das sofortige Niederreißen aller Barrieren; Erfüllung ist ihnen nicht der sofortige Vollzug der Liebe, und Liebe schließt nicht Form und Haltung aus. Bevor es noch zur Eheschließung kommt, unternimmt der Bräutigam eine zweijährige Bildungsreise, die weder er noch seine Braut als lästigen Aufschub sehen. In Form und Ordnung ist Erfüllung, und nicht im gefräßigen Jetzt oder Nie einer allmächtigen Gegenwart. Schopenhauer suchte das rechte Maß zwischen Zukunft und Gegenwart, und er ignorierte dabei die Zeitform, die nach Stifter einzig das Gleichgewicht zu schaffen vermöchte. Denn mit dem Blick der Vergangenheit schrumpft die Differenz von Präsens und Futurum zur Bedeutungslosigkeit. Die Gestalten Stifters passen sich den Enttäuschungen ihrer Gegenwart an: das ist der Kern ihrer Entsagung. Aber es ist nicht nur eine Entsagung, die auf die tatsächlichen Enttäuschungen eines bestimmten Lebens reagiert, wie es der Fall ist bei Risach und Mathilde, denen das Leben das Ihre vorenthielt, und die nun leben, was ihnen blieb. Dies gilt nicht für Drendorf, der, noch jung, die Versagung gar nicht kennt. Er lebt ein a priori enttäuschtes Leben, nimmt vorweg, was der Lauf seines Daseins erst noch zu zeigen hätte. Er strebt zu jener resignierten Existenz, die der alte Risach führt, ohne überhaupt erst einen Schritt zu versuchen, sein Glück zu fordern. Ja, bis zu dem zufälligen Augenblick, da ihm einen Blick in Natalies Herz zu werfen erlaubt ist, verheimlicht er nicht nur den anderen, sondern gar sich selbst seine Liebe zu ihr, verschweigt er sich sowohl den Wunsch wie die Möglichkeit zum Glück. Von allem Anfang an lebt er seine Vergangenheit.

Stifter will nicht einfach ein großes Zurück: Nein, seine rückwärtsgewandte Utopie zielt auf die Aufhebung der Zeitformen. Er sieht, daß erst in der Vergangenheit alles Geschehen seine Stillstellung erfährt; aber wo alles schon Geschichte ist, wird die Geschichte aufgehoben. Das unaustilgbare Geschehene lastet als ein Stein auf allem Leben, und nur wo das Leben selbst sich zum Stein macht, wird die Last nicht mehr gespürt. Weil es diese Last ist, die die Hoffnungen der Menschen zerstört, gibt Stifter die Hoffnung auf und unterwirft sich der überwältigenden Macht, der Gewalt des Gewordenen. Dies ist die Dialektik seines Verhältnisses zum Vergangenen: Es ist ihm Vernichtung und Rettung zugleich. Bis ans Lebensende bewahrt Prokopus den Hochzeitsschleier seiner toten Frau, aus einer Ehe, die aller Liebe zum Trotz keine Erfüllung brachte. In diesem Bilde ist Stifters Werk zu fassen: Eingedenken eines Glückes, das nie Wirklichkeit war. Noch der arme Pfarrer in *Kalkstein* hütet inmitten seines kargen und wohltätigen Lebens einen Schatz, der nur sein ist: Der Vorrat reinster Wäsche ist ihm das einzig Bleibende einer vergeblichen Liebe, die bereits Urzeiten zurück liegt, Reliquie der lange verflossenen Jugend. Das dem Egesippus zugeschriebene Motto, der *Mappe* vorangestellt, gilt nicht nur dieser, sondern dem ganzen Werk: »Dulce est, inter maiorum versari habitacula et veterum dicta factaque recensere memoria.« Es ist die Erinnerung, in der die Vergangenheit lebt. Ohne sie bleiben die Zeichen und Überreste stumm. Die zerstörte Burg im *Hochwald* spricht nur zu dem, der das Wissen um ihre Geschichte bewahrt; nur dem Prokopus vermag der Schleier etwas zu sagen, der dem Fremden nichts ist als ein Fetzen Stoff. Dies ist das Ende des *Turmalin* nach aller Not und Verzweiflung: »Der große Künstler ist längst tot, der Professor Andorf ist tot, die Frau wohnt schon lange nicht mehr in der Vorstadt, das Perronsche Haus besteht nicht mehr, eine glänzende Häuserreihe steht jetzt an dessen und der nachbarlichen Häuser Stelle, und das junge Geschlecht weiß nicht, was dort gestanden war, und was sich dort zugetragen hatte.« Nichts bleibt bestehen und alles wird vergessen, und schlimmer ist es als das Erzählte selbst, daß niemand seiner gedenkt. Und doch, die Erinnerung ist es zugleich, was das lösende Vergessen hindert; Heinrich, der junge Erbe der Narrenburg, lebt in der Angst, es werde die Kenntnis der Vergangenheit seines Geschlechtes, die in den Schriften festgelegt ist für alle Zeit, auch sein zukünftiges Glück zerstören. Eines ist unmöglich, »ein klares und freundliches Leben [...] über den Trümmern dieser verworrenen, vielleicht sündhaften Vergangenheit«.

Glück wäre nur da, wo keine Vergangenheit ist, doch was wäre ein Glück, das des vergangenen Unheils vergäße? In dieser Aporie lebt Stifter; doch auch sie auszuhalten, gibt dem Leben nicht den verlorenen Zusammenhang zurück. Die Frage nach dem Sinn des Lebens ist nunmehr ohne Sinn. Zurück bleiben das Eingedenken und die leeren Riten der Wiederholung.

Die starren Gestalten von Sitte und Höflichkeit, von Ordnung und Distanz, von Tradition und Stilisierung treten an den Ort der sinnhaften Ausprägung menschlicher Gemeinschaft. In hoffnungsloser Zeit bewahrt die rückwärtsgewandte Utopie von dem Wissen, daß Glück nur als ewiges eines wäre, im Ritual wenigstens die Dauer. Die Utopie der Freiheit bewahrt das Gesetz, den Sinn einzig die Form.

Notiz

Der vorliegende Essay folgt den zentralen Motiven im Werk Adalbert Stifters, er hat jedoch keinerlei chronologischen, werkgeschichtlichen Ehrgeiz. Eine ausführliche Darstellung in diesem Sinne versucht meine Biographie *Adalbert Stifter oder Diese fürchterliche Wendung der Dinge* (München 1995). Da die Entwicklung des Werkes und damit die Frage nach der Interpretation der verschiedenen Fassungen von Stifters Erzählungen nur an wenigen Stellen thematisch werden, habe ich hier die Journal- und die Buchfassungen unterschiedslos herangezogen. In der Regel werden für die Frühzeit die Erstdrucke zitiert, für die spätere Periode, wo die Motive des Statischen, Klassischen im Mittelpunkt stehen, die dementsprechenden Bearbeitungen aus den *Studien* und *Bunten Steinen.*

Eine erste Fassung des Essays erschien im 63. Jahrgang der *Deutschen Vierteljahresschrift für Literaturwissenschaft und Geistesgeschichte* (S. 715-750). Für die Buchausgabe wurde der Text vollständig überarbeitet und erweitert.

München, im Februar 2005
W.M.

NACHWEISE

Die Werke Stifters werden zitiert nach der fünfbändigen Ausgabe von Fritz Krökel und Magda Gerken. München 1949 ff. (zit. ST = *Studien*; BS = *Bunte Steine und Erzählungen*; NA = *Der Nachsommer*; W = *Witiko*; MP = *Die Mappe meines Urgroßvaters, Schilderungen, Briefe*). Für die Ur- oder Journalfassungen der Erzählungen wurde benutzt die Ausgabe *Sämtliche Erzählungen nach den Erstdrucken*. Herausgegeben von Wolfgang Matz, München 2005 (zit. SE).

5 Motto: Franz Kafka: Nachgelassene Schriften und Fragmente in der Fassung der Handschrift. Herausgegeben von Jost Schillemeit. Frankfurt a.M. 1992. Band II, S.49.

7 *Als hinaus*: *Kinder- und Hausmärchen gesammelt durch die Brüder Grimm*. Herausgegeben von Heinz Rölleke. Frankfurt a.M. 1985, S.194.

10 *den Dingen die Ehre*: MP, 140.
Jedes Ding: NA, 8f.

11 *fürchterlich große Angesicht*: BS, 152.

12 *Wenn ich fragte*: BS, 152f.
Gewalt des Gewordenen: SE, 444.

13 *mit einer fremden*: Anton Tschechow: *Das Duell. Erzählungen aus den mittleren Jahren*. Übersetzt von Ada Knipper und Gerhard Dick. Zürich o.J., S.401f.

14 *Die natürlichen Dinge*: SE, 1102.

14 *Wie er aber*: *Kinder- und Hausmärchen*, a.a.O., S.195 und 1215.
15 *das blinde Leben*: SE, 596.
18 *Am meisten feindlich*: SE, 1098.
19 *das Unnennbare*: NA, 293.
20 *Wir harreten*: ST, 466.
21 *Es war große Ruhe*: BS, 184.
22 *eine einzige*: BS, 189.
stumme Schütten: BS, 187.
Sie waren winzigkleine: BS, 192.
nur die lächelnde: SE, 348.
tendre indifférence: Albert Camus: *Théâtre, récits, nouvelles*. Édition de Roger Quilliot (Pléiade). Paris 1962, p.1211.
als sei selbst: SE, 350.
23 *liegen und schweigen*: SE, 359.
Der Pfarrer sagte: BS, 66.
24 *Wie ist die Gestalt*: NA, 289f.
die der Menschen: NA, 291.
26 *Wie hatte seit*: NA, 488.
Lieben als unbedingte: NA, 544.
27 *Die Ehen werden*: SE, 1514.
28 *so ist die Liebe*: NA, 544.
33 *Ich dachte*: NA, 164.
36 *Ich halte*: MP, 690.
Mäßigung: MP, 689.
Das Ideal: MP, 693.
Jeder Mißstand: MP, 686.
37 *Selbstbeherrschung*: MP, 687.
38 *Aber eines*: NA, 731.
Das ist gewiß: NA, 611.

39 *Ich wiederhole*: NA, 616.

41 *In den mittelalterlichen*: NA, 345f.

45 *Ein echtes Kunstwerk*: Johann Wolfgang Goethe: *Sämtliche Werke. Münchner Ausgabe.* Herausgegeben von Karl Richter in Zusammenarbeit mit Herbert G. Göpfert, Norbert Miller und Gerhard Sauder. München 1986. Band 19, S.73.

47 *Johanna*: SE, 274.

48 *Und wenn wir*: SE, 271.

50 *Hugo wurde*: ST, 728.

52 *Pues el delito*: Don Pedro Calderón de la Barca: *Obras completas, Tomo 1.* Madrid 1951, p.222.
bewußtlos schönen Augen: ST, 309.
Du liebe Blüte: ST, 298, 298, 301, 304.
Gegen die Natur: ST, 303.

53 *die Vereinzelung*: Friedrich Hebbel: *Werke.* Herausgegeben von Gerhard Fricke, Werner Keller und Karl Pörnbacher. München 1965. Band III, S.567f.

55 *Großes oder Kleines*: BS, 7.

57 Motto: Bertolt Brecht: *Legende von der Entstehung des Buches Taoteking auf dem Weg des Laotse in die Emigration.* In: *Gesammelte Werke.* Herausgegeben von Elisabeth Hauptmann. Frankfurt a.M. 1967. Band 9, S.660-663.

58 *Wißt ihr*: Friedrich Hebbel, a.a.O., S.122.

59 *Das Wehen*: BS, 8.

60 *So wie es*: BS, 9.
Es gibt Kräfte: BS, 10.

61 *Gesetz der Gerechtigkeit*: BS, 10.

62 *So ist dieses Gesetz*: BS, 12.

63 *Das Zarteste*: BS, 74.
64 *Nur weiche Dinge*: BS, 232.
Ich konnte nichts tun: SE, 1532.
Was Anfangs: SE, 1533.
69 *Der Greis*: ST, 887f.
71 *Als die Geschwister*: SE, 1507f.
72 *Es ging*: W, 14.
74 *Die Herzogin Adelheid*: W, 209.
Und es traten: SE, 525.
76 *Diese fürchterliche Wendung*: BS, 21
79 *daß Dichtungen*: MP, 690.
81 *daß die alte Sitte*: NA, 118f.
Lucius Annaeus Seneca: *Epistulae morales ad Lucilium*, V.6. (»Groß ist der Mensch, der Tongeschirr gebraucht, als sei es Silberzeug, doch nicht kleiner ist jener, der Silberzeug gebraucht, als sei es Tongeschirr.«)
84 *leere Luft*: ST, 800.
85 *Er saß*: ST, 909.
Zartheit: BS, 442.
87 *Viele leben*: Arthur Schopenhauer: *Zürcher Ausgabe.* Herausgegeben von Arthur Hübscher, Zürich 1977. Band VIII, S. 452f.
89 *Dulce est*: MP, 8. (»Angenehm ist es, in den Wohnungen der Vorfahren zu verweilen und sich die Worte und Taten der Ahnen zu vergegenwärtigen.«)
90 *Der große Künstler*: BS, 158.
ein klares und freundliches: ST, 350.

Inhalt

Essay 1
William H. Gass
Mit sich selber reden.
Für sich selber lesen.

Essay 2
Klaus Hoffer
Pusztavolk

Essay 3
Dieter Wellershoff
Double, Alter ego und
Schatten-Ich.

Essay 4
Lucas Cejpek
Und Sie.
Jelinek in LUST

Essay 5
Wolfgang Siegmund /
Julian Schutting
Väter

Essay 6
Patrick Deville
Über wissenschaftliche
und poetische
Schreibweisen

Essay 7
Michel Butor
Die Stadt als Text

Essay 8
Miodrag Pavlović
Opfer und Tempel

Essay 9
Bodo Hell / Ernst Jandl
die wirklichen
Möglichkeiten

Essay 10
Yoko Tawada
Das Fremde aus der Dose

Essay 11
Elmar Schenkel
Sportliche Faulheit

Essay 12
Christoph Bode
Den Text? Die Haut
retten!

Essay 13
Reinhard P. Gruber /
Ludwig Harig
Das Negerhafte in der
Literatur

Essay 14
Dieter Wellershoff
Im Lande des Alligators

Essay 15
Werner Schwab
Der Dreck und das Gute
Das Gute und der Dreck

Essay 16
Hans-Jürgen Heinrichs
Die geheimen Wunder des
Reisens

Essay 17
Walter Seitter
Hans von Marées.
Ein anderer Philosoph

Essay 18
Brigitte Kronauer
Literatur und schöns
Blümelein

Essay 19
Rada Iveković
Jugoslawischer Salat

Essay 20
Paul Wühr
Wenn man mich so
reden hört

Essay 21
Desző Tandori
Startlampe ohne Bahn

Essay 22
Felix Philipp Ingold
Autorschaft und
Management

Essay 23
Sabine Scholl
Wie komme ich dazu?

Essay 24
Irena Vrkljan
Vor roter Wand.
1991-1993

Essay 25
Henri Michaux
Ideogramme in China

Essay 26
Dragana Tomašević
Briefe nach Sarajevo

Essay 27
Robert Kelly/Jacques Roubaud/Schuldt
Abziehbilder, heimgeholt

Essay 28
Elfriede Czurda
Buchstäblich: Unmenschen

Essay 29
Helga Glantschnig
Entrée: Die Frau

Essay 30
Felix Philipp Ingold / Bruno Steiger
Unter sich. Briefe

Essay 31
Miguel de Unamuno
Plädoyer des Müßiggangs

Essay 32
Birgit Kempker
Liebe Kunst

Essay 33
Thomas Hettche
Das Sehen gehört zu den glänzenden und farbigen Dingen

Essay 34
Michael Rumpf
Gefühlsgänge

Essay 35
Thomas Stölzel
Ein Säulenheiliger ohne Säule. E. M. Cioran

Essay 36
Henri Michaux
Von Sprachen und Schriften

Essay 37
Franz Josef Czernin
Dichtung als Erkenntnis Zur Poesie und Poetik Paul Wührs

Essay 38
Hans-Jürgen Heinrichs
Der Wunsch nach einer souveränen Existenz. Georges Bataille

Essay 39
Ingram Hartinger
Über den Versuch

Essay 40
Jean Baudrillard
Architektur: Wahrheit oder Radikalität?

Essay 41
Jesper Svenbro
Ameisenwege. Figuren der Schrift und des Lesens in der Antike

Essay 42
Miguel de Unamuno
Wie man einen Roman macht

Essay 43
Bettina Balàka
Messer

Essay 44
Rada Iveković
Autopsie des Balkans

Essay 45
Franzobel
Mundial. Gebete an den Fußballgott

Essay 46
Dorothea Dieckmann
Sprachversagen

Essay 47
Paul Wühr
Was ich noch vergessen habe

Essay 48
Peter Rosei
Album von der traurigen und glücksstrahlenden Reise

Essay 49
Franz Josef Czernin
Voraussetzungen. Vier Dialoge

Essay 50
Gerhard Rühm
Was verschweigt die schwarze Witwe?

Essay 51
Boris Groys
Die Muse im Pelz

Essay 52
Julian Schutting
Tanzende

Layout und Satz: AD
Herstellung: Finidr s.r.a.

ISBN 3-85420-691-7

Literaturverlag Droschl A-8010 Graz Alberstraße 18
www.droschl.com